Comment faire pour mieux faire ?

RÉUSSITE PROFESSIONNELLE ET SAVOIR-VIVRE

Catalogage avant publication de Bibliothèque et Archives nationales du Québec et Bibliothèque et Archives Canada

Lacasse, Chantal

    Comment faire pour mieux faire ? : réussite professionnelle et savoir-vivre

    (Collection Affaires)

    ISBN 978-2-7640-1665-7

    1. Savoir-vivre – Affaires. 2. Savoir-vivre. I. Titre. II. Collection : Collection Affaires (Éditions Quebecor).

HF5389.L32 2011   395.5'2   C2010-942427-1

© 2011, Les Éditions Quebecor
Une compagnie de Quebecor Media
7, chemin Bates
Montréal (Québec) Canada
H2V 4V7

Dépôt légal : 2011
Bibliothèque et Archives nationales du Québec

Pour en savoir davantage sur nos publications, visitez notre site : www.quebecoreditions.com

Éditeur : Jacques Simard
Conception de la couverture : Bernard Langlois
Illustration de la couverture : Corbis
Conception graphique : Sandra Laforest
Infographie : Claude Bergeron

Imprimé au Canada

Gouvernement du Québec – Programme de crédit d'impôt pour l'édition de livres – Gestion SODEC.

L'Éditeur bénéficie du soutien de la Société de développement des entreprises culturelles du Québec pour son programme d'édition.

Nous reconnaissons l'aide financière du gouvernement du Canada par l'entremise du Fonds du livre du Canada pour nos activités d'édition.

DISTRIBUTEURS EXCLUSIFS :

• Pour le Canada et les États-Unis :
MESSAGERIES ADP*
2315, rue de la Province
Longueuil, Québec J4G 1G4
Tél. : (450) 640-1237
Télécopieur : (450) 674-6237
* une division du Groupe Sogides inc., filiale du Groupe Livre Quebecor Média inc.

• Pour la France et les autres pays :
INTERFORUM editis
Immeuble Paryseine, 3, Allée de la Seine
94854 Ivry CEDEX
Tél. : 33 (0) 4 49 59 11 56/91
Télécopieur : 33 (0) 1 49 59 11 33

Service commande France Métropolitaine
Tél. : 33 (0) 2 38 32 71 00
Télécopieur : 33 (0) 2 38 32 71 28
Internet : www.interforum.fr

Service commandes Export – DOM-TOM
Télécopieur : 33 (0) 2 38 32 78 86
Internet : www.interforum.fr
Courriel : cdes-export@interforum.fr

• Pour la Suisse :
INTERFORUM editis SUISSE
Case postale 69 – CH 1701 Fribourg – Suisse
Tél. : 41 (0) 26 460 80 60
Télécopieur : 41 (0) 26 460 80 68
Internet : www.interforumsuisse.ch
Courriel : office@interforumsuisse.ch

Distributeur : OLF S.A.
ZI. 3, Corminboeuf
Case postale 1061 – CH 1701 Fribourg – Suisse

Commandes : Tél. : 41 (0) 26 467 53 33
Télécopieur : 41 (0) 26 467 54 66
Internet : www.olf.ch
Courriel : information@olf.ch

• Pour la Belgique et le Luxembourg :
INTERFORUM BENELUX S.A.
Fond Jean-Pâques, 6
B-1348 Louvain-La-Neuve
Tél. : 00 32 10 42 03 20
Télécopieur : 00 32 10 41 20 24

CHANTAL LACASSE

Comment faire pour mieux faire?

RÉUSSITE PROFESSIONNELLE ET SAVOIR-VIVRE

LES ÉDITIONS
Quebecor
Une compagnie de Quebecor Media

*Je dédie ce livre à mon fils, Jessy Vaillancourt,
qui comprendra un jour tous les bénéfices que l'on peut
retirer à faire les choses plus délicatement, à apprécier
les petites attentions reçues et à dire merci
pour ce que la vie nous offre.*

Table des matières

CAPSULE HISTORIQUE

Aussi étonnant que cela puisse paraître, le mot « étiquette » signifiait à l'origine « défense de marcher sur le gazon ». Le chef jardinier de Louis XIV avait placé des avis priant les nobles de ne pas fouler les pelouses du parc de Versailles. Comme cette règle était souvent enfreinte par les invités, il avait obtenu un décret de Sa Majesté leur rappelant que « l'on doit s'en tenir aux étiquettes ». C'est ainsi que ce mot entra dans les mœurs pour désigner un comportement conforme à la tradition. À la cour de France, l'étiquette devint officielle en 1804 alors qu'une pédagogie des bienséances et une organisation du protocole prirent forme sous le titre « Étiquette du Palais impérial ». Encore aujourd'hui, il n'existe qu'une seule forme de savoir-vivre : le sens du respect d'autrui et le bon sens commun ! De tous les temps, les convenances concernant la nourriture et le vêtement, les relations entre les deux sexes, celles entre les subordonnés et les patrons, de même que la correspondance et la réception des étrangers furent codifiées en règles précises. Les enfreindre, c'était s'exclure de sa classe sociale. À toutes les époques et dans tous les groupes ethniques, la politesse était garante de la vie communautaire.

Le terme « politesse » tire son origine des mots « poli » et « politique ». Il devient à la mode dans la France du XVIIe siècle. Il évolue ensuite pour désigner « élégant » ou « poli ». La politesse a, par ailleurs, souvent pris la forme de gestes ritualisés comme les salutations, les génuflexions, la révérence (*curtsey* en anglais, qui est dérivé du mot *courtesy* pour courtoisie). (Tiré de : *Les langages de la politesse* de Peter Burke.)

Introduction

L'avantage d'être intelligent,
c'est qu'on peut toujours faire l'imbécile,
alors que l'inverse est totalement impossible.

Woody Allen, acteur et réalisateur américain

Les règles d'étiquette : une nouvelle vision

Pourquoi écrire un livre sur le savoir-faire professionnel ? Pourquoi revenir sur les règles d'étiquette ? Parce que même si vous êtes un as dans votre champ d'expertise, peut-être ralentissez-vous votre propre ascension vers le succès à cause de quelques comportements inappropriés qui viennent entacher vos relations professionnelles.

En fait, les règles d'étiquette nous permettent de plaire, de séduire avec classe et de créer des contacts professionnels plus aisément en démontrant confiance et assurance, sans pourtant modifier notre personnalité ! Connaître les règles du savoir-vivre et de la politesse nous permet d'être à l'aise en société, de nous sentir intelligents sans ressentir cette gêne et ces doutes qui nous envahissent parfois lorsque nous ne savons pas quoi faire, quoi dire, et comment agir... Vous savez de quoi je parle, n'est-ce pas ? Nous sommes tous des acteurs sociaux, et l'étiquette professionnelle est tout simplement un guide qui nous aiguille sur la façon de nous comporter en toutes circonstances afin d'éviter les faux pas. Les chercheurs en sciences sociales parlent plutôt de compétences sociales pour désigner l'ensemble de ces savoirs (vivre, être, faire) qui facilitent notre adaptation en société.

Certaines règles de politesse, même les plus élémentaires, comme regarder dans les yeux lorsque nous saluons quelqu'un, sourire, garder la bonne distance lorsque nous sommes en conversation, écouter sans interrompre, etc., font défaut à plusieurs d'entre nous et pas seulement aux plus jeunes! À preuve, voici un extrait d'un livre sur la bienséance publié en 1907: «Depuis bien des années déjà, on dit que la jeunesse ne connaît plus la politesse, que seuls les vieillards sont demeurés aimables et bien élevés.» Les jeunes générations font l'objet de nombreuses critiques, mais elles doivent bien avoir appris des précédentes!

Nous avons tous nos exigences lorsqu'il est question de politesse. Pour certains, prendre le repas avec une casquette est inacceptable, mais l'utilisation du cellulaire à table ne les indispose pas du tout. Pour d'autres, arriver en retard est le manque de savoir-vivre extrême, et pourtant ils quittent une réception sans même prendre le temps de dire au revoir et merci à ceux qui les ont accueillis. Chaque époque amène de nouveaux comportements, de nouvelles attitudes et certaines règles de base pourtant élémentaires sombrent aux oubliettes.

Voilà pourquoi nous assistons à un retour en force des règles de l'étiquette qui proposent des comportements respectueux qui feront de vous un être qu'il fait bon côtoyer, avec qui nous avons l'impression d'être valorisés et mis en valeur, que l'on soit votre collègue, votre client ou tout simplement votre ami.

En général, tant chez les humains que chez les animaux, les gens d'action préfèrent instinctivement ne pas être en relation avec les faibles ou, du moins, ceux qui le paraissent. Dans l'arène des affaires, ce comportement est encore plus vrai. C'est après plusieurs années d'inconfort à regarder les gens agir en société que je me suis dit qu'il devait bien exister des outils, des façons de faire pour vaincre ma timidité, effacer mes doutes et, surtout, cette impression de n'être jamais à ma place. Pouvez-vous imaginer que le simple fait de prononcer mon nom comportait pour moi un degré de difficulté élevé? Je balbutiais dès les premiers instants, je baissais les yeux pour cacher mon malaise et je parlais faiblement pour ne pas déranger. Ces comportements ont nui à ma carrière et ont ralenti mon ascension professionnelle, car ils ont engendré des perceptions négatives chez les autres.

C'est ce qui m'a amenée à suivre une session à l'École du protocole de Washington auprès de Dorothea Johnson qui a enseigné ses techniques à plusieurs hommes politiques des États-Unis, notamment à l'ex-président M. Bill Clinton. Il y a déjà bien longtemps que les hommes politiques influents ont compris toute l'importance d'une image de marque.

Investissez en vous, vous êtes votre seule *valeur sûre* dans cette période économique plutôt incertaine. À bien y penser, lorsque nous savons que nous faisons bien les choses, nous dégageons détermination et assurance, des valeurs qui inspirent les clients potentiels. Soyons francs, il ne se passe pas une seule journée sans que nous nous interrogions sur notre savoir-faire et notre savoir-être, n'est-ce pas ?

- Quels vêtements devrais-je porter aujourd'hui pour faire bonne impression ?
- De quoi vais-je parler ce soir avec les nouveaux clients qui seront à ma table ?
- Dois-je me présenter ou attendre que les invités viennent vers moi ?
- Comment quitter quelques personnes pour aller à la rencontre de nouvelles ?
- Est-ce à moi de porter un toast à ce repas d'affaires ?
- Comment puis-je créer des liens, paraître sympathique, sans me faire indiscret ?

Nous désirons tous faire les choses de la meilleure manière possible, car nous mettons des années à bâtir notre crédibilité alors que quelques secondes suffisent pour la détruire ! Les règles du savoir-être professionnel répondront à vos interrogations et vous orienteront vers les bons comportements à adopter tant au bureau que lors de vos rencontres, réunions, colloques, repas... Il est primordial de prendre votre place – pas toute la place, cependant – et de le faire élégamment. Le respect et la politesse envers ceux que nous côtoyons sont les valeurs de base d'une société saine où il fait bon vivre.

Voici quelques exemples d'irritants que vous avez sans doute déjà subis :

- La réceptionniste ne prend même pas le temps de vous écouter avant de vous diriger très rapidement à un collègue – bien souvent, elle achemine votre appel à la mauvaise personne.
- Le directeur de votre institution financière prend ses appels téléphoniques pendant que vous lui parlez de vos placements.
- Au restaurant, le client de la table voisine se cure les dents sans gêne.
- La caissière vous annonce le total de vos achats sans même vous avoir dit bonjour !
- Votre représentant en assurances a *encore* oublié votre nom.

Et vous pourriez allonger la liste, j'en suis certaine. Que de petits détails, direz-vous, j'en conviens, mais combien remarqués ! Dans un monde où la concurrence est féroce, il faut se démarquer : vous devez développer des relations harmonieuses avec les autres, qu'ils soient collègues, clients ou partenaires. Pour réussir, vous devez d'abord miser sur votre personnalité et acquérir des habiletés sociales. Aujourd'hui, il ne suffit plus d'avoir du talent, une formation appropriée ou de bonnes expériences de travail pour obtenir l'emploi que vous convoitez ou pour simplement conserver celui que vous occupez. De la même façon, il ne vous suffit plus d'offrir de bons produits ou d'excellents services pour fidéliser ou augmenter votre clientèle. Non, le succès vient avec votre capacité à rendre les autres à l'aise et à créer des liens solides avec eux. L'image, nous devons en convenir, est devenue une valeur de société, un fait regrettable mais incontournable. Nous devons apprendre à marquer des points dès les premiers instants afin d'avoir ensuite la possibilité de nous vendre, de dire qui nous sommes vraiment et de faire valoir nos compétences. Pourquoi un livre sur l'étiquette ? Parce que nous aspirons toujours à être à notre avantage.

Voulez-vous à votre tour donner du mordant à vos relations professionnelles et prendre la place qui vous revient ? Grâce à des témoignages, à des conseils, à des anecdotes, le présent ouvrage vous apprendra à gérer efficacement les situations les plus délicates à l'aide d'outils simples et faciles à utiliser afin d'évoluer avec aisance dans les différentes sphères de vos activités.

Soyons polis et plus heureux, comme l'écrit Matthieu Ricard : «Le bonheur est une manière d'être ; or, les manières s'apprennent. Cela ne se résume-t-il pas à offrir un bel emballage à ses habitudes ?»

Testez vos connaissances

1. On porte un toast en votre honneur. Que devez-vous faire ?
   a) Levez votre verre et buvez à votre santé.
   b) Levez votre verre et précisez que cette attention, bien que très appréciée, n'est pas nécessaire.
   c) Levez votre verre sans boire.
   d) Aucune de ces réponses.

2. Vous avez oublié le nom de la personne à présenter. Comment vous en sortir ?
   a) Vous demandez aux deux personnes si elles se connaissent déjà.
   b) Vous attendez qu'elles se présentent elles-mêmes afin de masquer votre oubli.
   c) Vous demandez à la personne de vous rappeler son nom en souriant.
   d) Aucune de ces réponses.

3. Vous représentez votre entreprise à un événement et vous arrivez seul. Quelle serait votre meilleure stratégie ?
   a) Vous attendez que l'on vous présente ou que quelqu'un vienne vous parler.
   b) Vous saluez les hôtes et leur demandez de vous présenter quelques invités.
   c) Vous allez vers le bar et le buffet, car c'est l'endroit idéal pour créer des contacts professionnels.
   d) Toutes ces réponses.

4. Vous êtes invité à une soirée professionnelle à laquelle vous ne souhaitez pas participer. Que faire?
   a) Vous remerciez les hôtes de leur invitation en les informant toutefois de votre absence, sans entrer dans les détails.
   b) Vous refilez l'invitation à un collègue.
   c) Vous acceptez, mais prétexterez un empêchement à la dernière minute.
   d) Aucune de ces réponses.

5. Lors d'une rencontre professionnelle au restaurant, à quoi une femme doit-elle s'attendre?
   a) À payer la note si c'est elle qui a proposé le repas ou fait les invitations.
   b) À tirer sa chaise afin de prendre sa place.
   c) À enfiler elle-même son manteau.
   d) Toutes ces réponses.

6. Vous recevez des clients au bureau et les faites visiter l'endroit. Quelles sont les convenances à respecter?
   a) Vous prenez les devants afin de guider vos visiteurs et de leur présenter vos collègues et employés.
   b) Vous invitez vos clients à passer devant afin leur présenter vos collègues et employés.
   c) Vous précédez vos invités et prenez soin d'éviter les rencontres et les présentations, faute de temps.
   d) Aucune de ces réponses.

7. Lors des présentations, en quelles circonstances pouvez-vous refuser de tendre la main?
   a) Si vous doutez de la propreté des gens qui vous sont présentés.
   b) Si vous rencontrez une femme, vous lui réservez des baisers sur les joues.
   c) Vous devez tendre la main à tous ceux que vous rencontrez.
   d) Aucune de ces réponses.

8. Lorsqu'il est question de bien choisir votre tenue vestimentaire, laquelle de ces affirmations est valable?
   a) Lors d'une rencontre au déjeuner, vous optez pour une tenue plus décontractée (jeans, t-shirt...).
   b) Vous devez tenir compte de votre horaire, de vos clients ainsi que des rendez-vous prévus à l'entreprise.
   c) Le vendredi, il est permis de relâcher le code de la tenue vestimentaire et de revêtir des vêtements «confortables» (tenue de jogging, sandales, jeans...).
   d) Toutes ces réponses.

9. Attablé au restaurant, votre cellulaire sonne. Que faire?
   a) Vous éteignez votre cellulaire sur-le-champ.
   b) Vous répondez immédiatement et quittez la table pour poursuivre la conversation.
   c) À la suite de votre conversation, vous expliquez aux gens qui sont avec vous que cet appel était important.
   d) Aucune de ces réponses.

10. Lors d'un congrès ou d'un colloque, comment distribuez-vous votre carte professionnelle?
    a) Vous en remettez à tous ceux que vous rencontrez afin de créer plus rapidement de solides contacts.
    b) Vous distribuez deux cartes à la fois, question de doubler vos chances de visibilité.
    c) Vous remettez votre carte à tous les invités dès votre arrivée à la table.
    d) Aucune de ces réponses.

Réponses : 1-C ; 2-C ; 3-B ; 4-A ; 5-D ; 6-A ; 7-C ; 8-B ; 9-A ; 10-D.

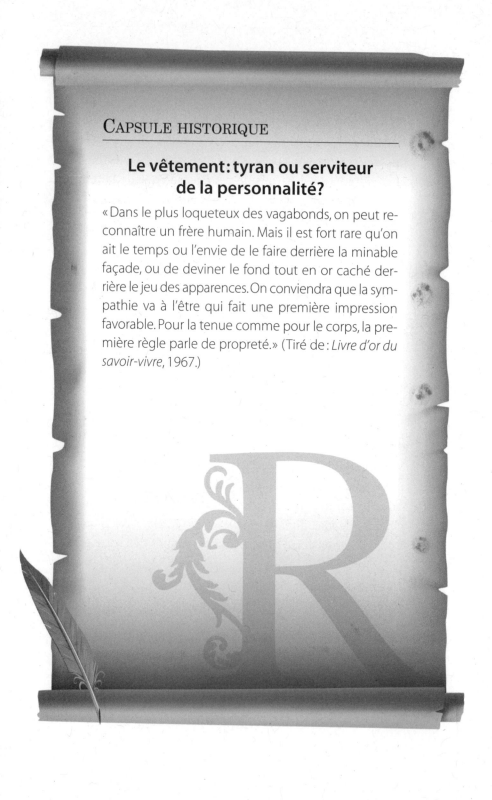

Capsule historique

Le vêtement : tyran ou serviteur de la personnalité?

« Dans le plus loqueteux des vagabonds, on peut reconnaître un frère humain. Mais il est fort rare qu'on ait le temps ou l'envie de le faire derrière la minable façade, ou de deviner le fond tout en or caché derrière le jeu des apparences. On conviendra que la sympathie va à l'être qui fait une première impression favorable. Pour la tenue comme pour le corps, la première règle parle de propreté. » (Tiré de : *Livre d'or du savoir-vivre*, 1967.)

RÉUSSIR

LA PREMIÈRE IMPRESSION :
UN VERDICT CRUCIAL

Les mots et les faits s'oublient,
ce sont les impressions qui restent.

Agnès Guitard (romancière québécoise)

Emballée à l'idée d'une possible collaboration avec Jacques et son entreprise de formation, je me présente à son bureau pour notre première rencontre. À mon arrivée, je suis accueillie par deux réceptionnistes qui discutent de sujets plutôt personnels. Mal à l'aise, j'hésite à les interrompre et je choisis de patienter un peu. Quelques instants plus tard, une des deux femmes se décide enfin à me demander avec qui j'ai rendez-vous et à ensuite crier à l'autre bout du couloir : «Jacques, ta petite madame est arrivée !» Du coup, tous mes espoirs tombent. Malgré les bonnes références qu'on m'avait fournies concernant cette entreprise, il a été vite très clair que je n'allais pas joindre cette équipe. Aucun argument n'aurait pu être suffisamment bon pour effacer cette première impression. J'ai écouté la proposition que me faisait Jacques, mais malheureusement le doute s'était installé.

Ce court témoignage vous signale à quel point le prélude d'une première rencontre est déterminant. Si vous laissez s'installer le doute, l'inconfort ou encore l'incompréhension, vous pouvez être certain que l'entretien sera fortement influencé par ces sentiments négatifs. Toutefois, sachez que l'inverse est aussi vrai : lorsqu'une première rencontre inspire la confiance et le respect, elle gagne en importance et elle restera teintée de sentiments positifs. Intéressant, n'est-ce pas? Consciemment ou non, nous jugeons les autres à partir de nos premières impressions. Professionnellement, nous sommes encore plus exigeants. L'attitude, le regard, le niveau de langage et la tenue vestimentaire sont scrupuleusement et rapidement analysés.

Lors d'une rencontre imprévue, vous est-il déjà arrivé d'avoir le sentiment d'être vraiment branché avec votre interlocuteur au point d'avoir même l'impression de le connaître? Après quelques paroles seulement, vous arriviez presque à imaginer son univers, voire sa vie. Étrange sensation! Comment cela est-il possible? Je vous répondrai sans hésitation que c'est un bel exemple de la magie de la première impression et de la capacité de chacun à entrer correctement en contact avec l'autre. Des rencontres comme celle-là sont très dynamisantes et stimulantes. Vous souhaitez assurément que toutes vos rencontres se déroulent ainsi!

Pour maximiser vos chances d'y arriver, vous devez prendre conscience de l'effet de votre comportement et de votre langage non verbal sur vos interactions avec les gens. Par la suite, vous aurez à choisir avec soin la façon dont vous voulez être perçu, autrement dit l'image que vous souhaitez projeter. La première impression agit comme un filtre ou comme des verres grossissants qui nous amènent à percevoir beaucoup plus clairement les détails qui vont dans le même sens que ce que nous avons perçu dès les premiers instants d'une rencontre. Nous tentons de renforcer nos impressions initiales en tenant compte de tous les petits détails. D'ailleurs, il y a de fortes probabilités que l'issue de la rencontre soit prévisible à partir des premières minutes d'un entretien. Comme il est bien difficile de faire une «seconde première» bonne impression, vous devez mettre toutes les chances de votre côté pour laisser les bons indices à votre propos dès le départ.

LE SAVIEZ-VOUS...

Attention, on vous filtre !

Selon Ann Desmarais et Valérie White, auteures du livre *C'est la première impression qui compte*, une première impression s'apparente à un filtre.

Au départ, les autres se forgent une image de vous en commençant par être attentifs à votre langage non verbal.

Ensuite, selon ce qu'ils ont perçu, ils tirent quelques conclusions sur votre personnalité et votre comportement en général.

Puis, ils vous lisent à travers ce filtre. Chaque fois qu'ils sont en interaction avec vous, ils recherchent des informations qui valident leur première impression.

Enfin, que ce soit volontaire ou non, ils sont sourds et aveugles à tout ce qui s'éloigne de l'idée qu'ils se sont faite de vous.

Faites-vous désirer

Votre tenue vestimentaire, votre attitude, votre regard, le ton de votre voix ou encore votre manière de bouger les bras et les jambes sont autant de facteurs qui composent ce que l'on appelle le langage non verbal. Bien que nous n'en soyons pas toujours conscients, c'est d'abord lui qui se fait entendre tellement il est puissant. Un sourire honnête, un regard franc, une poignée de main énergique, une attitude confiante et attentive constituent des éléments très révélateurs qui retiennent positivement l'attention de votre interlocuteur.

Au contraire, une poignée de main mollasse et moite, un port de tête courbé, un pas hésitant et un regard suspicieux laissent une mauvaise empreinte. Avez-vous une idée du temps qu'il faut à une personne pour fixer son jugement sur vous ? Très peu, à peine quelques secondes suffisent pour se forger une idée qui aura ensuite valeur de vérité car, vous le savez maintenant, cette première impression laisse un souvenir très persistant.

Jusqu'où faut-il aller ?

Lorsque je prononce des conférences sur le savoir-être professionnel, certaines personnes me confient qu'elles se demandent jusqu'où il faut aller pour être bien perçu sans pour autant y laisser son identité. À cette préoccupation, je réponds que les règles n'ont pas pour objectif de modifier votre personnalité, mais plutôt de fournir des recommandations, des normes à mettre de l'avant dès les premiers moments d'une rencontre afin de ne pas susciter de rejet ou de méfiance. La connaissance de l'étiquette est simplement un atout mis à votre disposition tout comme l'est le fait de maîtriser une seconde langue, par exemple. Vouloir tirer votre épingle du jeu et vous assurer d'une belle place au soleil dans un milieu de travail qui vous plaît est tout à fait légitime. Une bonne «première impression» vous donnera la possibilité de vous faire connaître davantage et de montrer vos couleurs et votre plein potentiel par la suite. Toutefois, une impression négative pourrait grandement diminuer vos chances d'être entendu.

D'après vos expériences personnelles, qu'est-ce qui influence davantage la perception des autres sur vous-mêmes : ce que vous dites ou votre comportement ?

Pour répondre à cette question, la psychologue Teresa Amabile a fait une expérience avec des femmes qui ont accepté d'être filmées lors de leurs conversations avec d'autres participantes. Ces images ont ensuite été présentées à 160 étudiants qui ont eu à évaluer les candidates sur les critères suivants : leur ouverture envers les autres, leur timidité et leurs aptitudes, après les avoir vues et entendues interagir sur pellicule uniquement. Les résultats ont révélé que les comportements adoptés par les participantes ont eu 20 fois plus d'influence et d'impact sur la perception des étudiants que les conversations qu'elles ont tenues. En résumé, au moment d'une première approche, notre allure produit un effet plus déterminant sur la perception des gens que les propos que nous échangeons.

«Connais-toi toi-même»

Selon le philosophe Socrate, c'est par une meilleure connaissance de soi que l'on peut appréhender la vie et développer harmonieusement nos relations. Avez-vous une idée de ce que vous dégagez en société? Vous répondrez évidemment que vous le savez, mais, dans les faits, ce n'est pas si certain.

- Quelle allure affichez-vous?
- Quelle est votre votre posture?
- À quoi ressemble votre démarche?
- Votre expression est-elle souriante ou froide?
- Paraissez-vous accessible et chaleureux, ou distant et préoccupé?
- Votre humeur est-elle plutôt gaie, ou affichez-vous une mine déconfite?

Saviez-vous que nous sommes moins de 5 % à reconnaître le dos de notre main sur une photo? Et que nous ne sommes guère plus nombreux à déceler nos propres signaux et notre langage corporel. Les psychologues Allan et Barbara Pease, dans *The Definitive Book of Body Language*, ont mené une expérience très révélatrice à ce propos: «Nous avions installé, au fond de l'entrée d'un hôtel, un grand miroir qui donnait l'illusion qu'un corridor prolongeait la pièce d'entrée. Des plantes avaient été suspendues au plafond de façon à masquer le visage des nouveaux arrivants, mais pas les corps ni les mouvements. Chacune des nouvelles personnes a passé environ six secondes à observer son propre reflet dans le miroir, avant de tourner à gauche vers le bureau de la réception. Lorsqu'on leur a demandé si elles avaient reconnu l'autre client de l'hôtel au bout du couloir (soit leur propre reflet dans le miroir), 85 % des hommes et presque le tiers des femmes ne reconnaissaient pas leur silhouette quand ils ne distinguaient pas leur visage.

Maintenant que vous connaissez le pouvoir de la première impression, soyez attentif aux sentiments que vous provoquez chez vos interlocuteurs, car il en va de la suite de cette relation professionnelle que vous tentez d'établir avec la personne devant vous.

Lors d'une activité de réseautage, on m'a présenté le directeur d'une boîte de publicité. Nous avons échangé quelques mots ainsi que nos cartes professionnelles, sans plus. Toutefois, sa façon de se présenter, son regard sincère et les quelques mots qu'il a prononcés ont suffi à me convaincre de le revoir et, qui sait, d'envisager une éventuelle collaboration avec lui. Quelques semaines plus tard, je prenais rendez-vous. À mon arrivée, il m'accueille chaleureusement, me présente les membres de son équipe, et comme il a pris le temps de visiter mon site Internet, il me soumet quelques ébauches d'un plan marketing fort original. Ce fut instantané, je me suis sentie importante et écoutée par ce gestionnaire et grandement rassurée par cette entreprise.

Ce publicitaire avait semé les bons indices lors du premier contact. Son attitude, son comportement positif et son assurance m'avaient séduite, enfin suffisamment pour commencer une nouvelle relation professionnelle. Les dés furent alors jetés... Il faudra encore que le professionnalisme de l'équipe soit à la hauteur du préambule car, bien évidemment, l'image ne remplace pas les compétences.

Pour paraître sympathique dès le premier regard, il vous suffit de prendre le temps de découvrir ceux qui vous entourent, de centrer votre attention sur eux plutôt que sur vous-même. Certains parlent de l'image comme d'une valeur inestimable, voire d'une «rumeur silencieuse qui vous précède et qui parle pour vous, avant vous et parfois plus que vous». Entretenez-la précieusement et faites-vous remarquer avec élégance.

TRUCS ÉCLAIR POUR ÊTRE APPRÉCIÉ

- Soyez ponctuel à vos rendez-vous.

- Donnez une poignée de main ferme accompagnée d'un bon contact visuel.

- À la rencontre d'une personne ou d'un groupe, présentez-vous et suivez le rythme.

- Rappelez-vous que votre discours débute dès les premières secondes : votre démarche, votre posture et votre regard parleront pour vous avant que vous ayez prononcé un seul mot.

- Le fait de préparer une rencontre porte toujours ses fruits : tentez de savoir qui sera présent, mémorisez quelques noms que vous glisserez au fil de la conversation.

- Faites en sorte que les gens qui vous côtoient se sentent bien en votre présence. Trouvez quelques mots afin d'amorcer la conversation, ils vous en seront reconnaissants.

- Accordez un réel intérêt à chaque personne qui vous parle. Rien n'est plus désagréable que de discuter avec quelqu'un qui a l'esprit ailleurs. C'est très offusquant, soyez attentif et à l'écoute.

- Intéressez-vous réellement aux gens que vous rencontrez, soyez présent. N'interrompez pas vos interlocuteurs. Ainsi, vous leur dites que vous savez être généreux et altruiste.

- Évitez de monopoliser la discussion, valorisez les gens qui sont en votre présence, vous aurez davantage de chance de faire une bonne impression et d'amasser du capital de sympathie.

- Souriez, souriez, souriez d'un sourire sincère. C'est contagieux !

Il y a quelques mois, mon mari et moi voulions vendre notre propriété. Nous cherchions donc un agent immobilier sur Internet. Nous contactons un premier agent qui rappelle deux jours plus tard. Le deuxième ne se présente même pas au rendez-vous qu'il nous a lui-même fixé. Quant au troisième, il arrive en s'excusant d'avoir oublié notre dossier et, par conséquent,

les informations concernant notre propriété. Ouf! Quelle piètre perfor-
mance en service à la clientèle! Parmi tous les agents immobiliers qui pos-
sédaient sensiblement les mêmes compétences, notre choix s'est porté sur
celle qui a su nous convaincre de son professionnalisme dès notre première
conversation téléphonique. Nous avons choisi cette dame, car elle a fait l'ef-
fort de retenir nos noms, elle a pris le temps de nous écouter, de noter les
informations que nous lui avons communiquées et ainsi elle a répondu à
nos attentes. En peu de temps, elle a su nourrir notre confiance et nous dé-
montrer son intérêt à nous avoir comme clients.

Plusieurs de nos contacts professionnels débutent au téléphone. Ainsi, il se peut fort bien que la première approche d'un client passe d'abord par l'entremise de vos employés, comme votre réceptionniste ou vos collaborateurs. Ces personnes qui travaillent au sein de votre entreprise ont une influence capitale sur la perception que se fera ce client à propos de vos services ou de vos produits. C'est pourquoi il est très important que tous les membres de votre personnel soient informés et formés en conséquence. Vous devez leur transmettre vos valeurs, vos exigences et vos attentes en matière de service à la clientèle.

Dès le premier contact avec votre réceptionniste, le client doit sentir un accueil chaleureux et courtois, il doit rapidement percevoir que l'entreprise est structurée, organisée et démontre un haut degré de professionnalisme. Après tout, il en va de votre image. Et si cette dernière était l'élément déclencheur qui ferait en sorte qu'à services comparables votre compagnie était choisie plutôt qu'une autre?

Les clients ont davantage de choix considérant la multiplicité des services offerts sur le marché. Leur décision n'est plus seulement basée sur le produit ou sur le service qu'une entreprise offre, mais elle prend en compte les facteurs humains. Ils veulent être bien traités, sentir que leur projet est important aux yeux de l'entrepreneur qu'ils choisiront pour les aider à le réaliser.

C'est pourquoi vous devez absolument prendre conscience que peu importe le service que vous offrez, c'est votre attitude, votre personnalité et celle de vos employés qui feront la différence.

Souffrez-vous d'un handicap silencieux ?

Connaissez-vous cette expression ? En fait, le «handicap silencieux» est un concept élaboré par l'École du protocole de Washington qui démontre que tout ce qui fait obstacle, de façon involontaire ou non, à l'établissement d'une bonne relation professionnelle devient un handicap silencieux. Ce dernier vient parfois de l'entreprise, parfois de l'employé ; en voici quelques exemples.

- Une réceptionniste qui soupire en vous répondant et qui, par son non-verbal, vous exprime clairement que vous la dérangez.

- Votre conseiller juridique qui prend ses communications téléphoniques alors que vous êtes assis dans son bureau et qui vous fait comprendre que les clients qui appellent sont plus importants que vous. Enfin, c'est l'impression que vous en retenez !

- La serveuse au restaurant à qui vous osez dire que le repas est froid et qui vous répond que ce n'est pas sa faute, qu'elle fait son possible.

- Un commis qui vous demande, sans vous dire bonjour : «Qu'est-ce que tu cherches ? »

- Un représentant qui vous regarde en haussant les épaules et qui vous explique qu'il ne sait pas de quoi vous parlez et qui n'a, apparemment, aucune envie de le découvrir.

Avouez que ces petits gestes sont très agaçants et qu'ils font en sorte que vous irez peut-être voir ailleurs la prochaine fois afin d'être mieux servi. Le problème avec le handicap silencieux, c'est que, bien souvent, comme tout va trop vite, nous ne prenons pas le temps de faire part de nos commentaires au directeur ou encore au gérant de l'entreprise. Le temps presse et plusieurs d'entre nous choisiront tout simplement un nouveau fournisseur de services.

C'est ainsi qu'il faut parfois longtemps pour découvrir que notre personnalité a un handicap social, car les gens en parleront entre eux, à d'autres, mais rarement à la personne concernée. C'est donc à vous de faire votre propre bilan : analysez vos façons de faire et confiez à quelques amis le soin d'évaluer votre service à la clientèle, et vous pourrez alors apporter les modifications nécessaires. Sachez que les petits détails comptent beaucoup plus que vous ne pouvez l'imaginer. Laissez à vos clients des formulaires d'évaluation, prenez leurs suggestions en considération car, sans eux, votre entreprise n'existerait pas. Vous devez offrir un service personnalisé et attentionné, c'est capital pour vos clients.

Les sondages menés auprès de la clientèle révèlent que l'accueil est l'élément auquel les clients attribuent le plus d'importance. Selon Luc Dupont, professeur au département de communication de l'Université d'Ottawa, un bonjour et un sourire ne coûtent pas cher et peuvent rapporter gros : «Lorsque les gens se font dire bonjour en entrant dans un commerce, la probabilité de vol diminue de 70 %.» De plus, il est prouvé que le sourire libère des antidouleurs et déclenche des réactions favorables chez ceux qui l'offrent tout autant que chez ceux qui le reçoivent. Sourions donc sans gêne !

 ## LE SAVIEZ-VOUS...

Les différences culturelles

Ici, lorsqu'on s'adresse à quelqu'un, on respecte son temps et sa personne en étant bref ; au Japon, où l'attention aux autres se marque par le temps passé auprès d'eux, on constate que plus un énoncé est long, plus il est respectueux. Dans certaines sociétés d'Asie (comme la Corée) ou d'Afrique (comme au Zaïre), on remercie les étrangers, mais pas les proches : ce serait les traiter en étrangers, donc leur manquer de respect.

Faites vos recherches avant de recevoir des visiteurs étrangers ou encore avant de vous rendre dans un autre pays, car les règles d'étiquette varient d'un endroit à l'autre.

MA PLUS-VALUE

Soyez la personne qui crée une atmosphère positive, gardez vos commentaires négatifs ou vos divergences d'opinion pour vous. Écouter ne veut pas nécessairement dire être en accord, heureusement !

«Un être sincère ne dit jamais la vérité, il sait se taire lorsqu'il est inutile de parler, c'est-à-dire lorsque la vérité peut désobliger les autres. La sincérité est réfléchie, calme et souriante ; la franchise est impulsive, emportée ou hérissée, selon l'humeur. La sincérité est très rarement désagréable ; la franchise est quelquefois brutale. » Voilà une observation très juste divulguée dans le livre *1000 questions d'étiquette*, publié au Canada en 1906 !

Alors, faites parler les gens de leurs intérêts, de leurs passions, de leurs rêves. Complimentez les autres sur leurs réalisations, leurs talents. Savoir susciter la sympathie est un formidable pouvoir qui vous ouvrira bien des portes. La mauvaise humeur et le savoir-vivre sont contradictoires, et mille excuses ne valent pas une première bonne impression !

Nous ne sommes pas autre chose que l'image que nous donnons de nous-mêmes : alors mieux vaut y regarder à deux fois avant de choisir son image.

Kurt Vonnegut Jr. (écrivain)

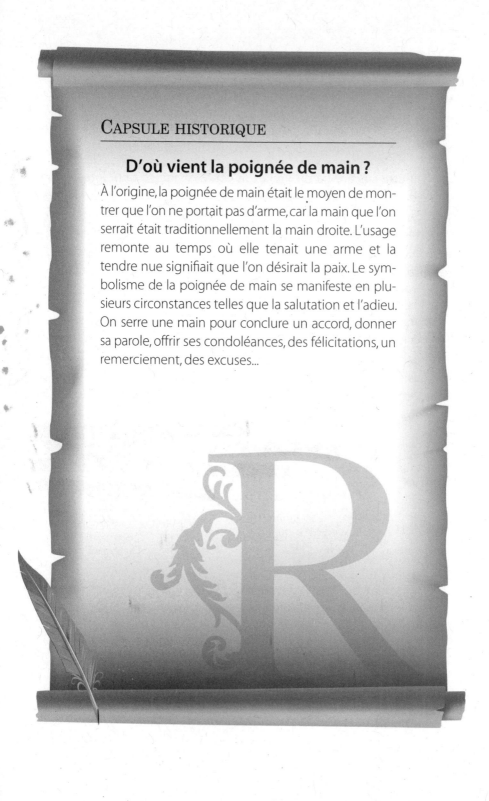

D'où vient la poignée de main ?

À l'origine, la poignée de main était le moyen de montrer que l'on ne portait pas d'arme, car la main que l'on serrait était traditionnellement la main droite. L'usage remonte au temps où elle tenait une arme et la tendre nue signifiait que l'on désirait la paix. Le symbolisme de la poignée de main se manifeste en plusieurs circonstances telles que la salutation et l'adieu. On serre une main pour conclure un accord, donner sa parole, offrir ses condoléances, des félicitations, un remerciement, des excuses...

RÉVÉLATRICE,

VOTRE POIGNÉE DE MAIN

*Je ne comprenais pas pourquoi
les Américains avaient réélu George
W. Bush pour un second mandat
jusqu'au jour où je lui ai serré la main.*

Liza Frulla (ex-politicienne)

Lorsque j'ai rencontré Mario, j'étais à l'emploi de Radio-Canada, plus précisément aux informations. Ce jour-là, je n'avais aucune envie de réaliser cette entrevue avec lui, et croyez-moi, je le lui ai bien fait ressentir en évitant de le regarder, et en affichant une certaine indifférence. Ce qui, je crois, l'a fait redoubler d'efforts afin de changer le cours des choses et l'issue de la rencontre. C'est avec une démarche assurée qu'il est venu vers moi, une posture impeccable, une attitude des plus positives, et enfin, il a tendu la main fermement. Il a souri et j'ai finalement souri aussi. Cette poignée de main, ce regard, cette confiance nous ont menés plus loin que prévu: j'ai fini par l'épouser!

Une poignée de main peut renverser l'impression que l'on se fait de vous au départ, à votre avantage ou à votre désavantage, c'est à vous de faire la différence. Une bonne poignée de main ne vous fera pas néces-sairement gagner la partie, mais une mauvaise pourrait sans doute vous la faire perdre. Vous avez probablement vous aussi en mémoire cer-taines poignées de main : marquantes, décevantes, molles, moites, sur-prenantes... Vous serez d'accord avec l'idée que nous nous souvenons parfois davantage de ce premier contact que des paroles échangées. Votre poignée de main révèle une partie de vous.

Les mains sont, semble-t-il, les outils les plus perfectionnés de l'évo-lution humaine ; les connexions entre elles et le cerveau sont plus nom-breuses que pour tout autre organe du corps. Banalisée par plusieurs, la poignée de main doit plutôt être considérée comme un atout dans votre quête de faire bonne impression et d'établir un contact de confiance avec la personne que l'on vous présente. La poignée de main, c'est en quelque sorte votre premier discours, celui qui dévoile, entre autres, vos motiva-tions. Cette première approche peut conduire à une relation profession-nelle durable et, plus exceptionnellement, à une demande en mariage ! Voilà pourquoi j'insiste : il ne faut jamais négliger la valeur d'une poi-gnée de main, car elle a assurément une forte influence sur vos relations d'affaires et elle vous aiguillera sur le tempérament, sur la personnalité et sur certains traits de caractère de la personne qui se présente à vous. Il suffit de prendre le temps de faire la lecture de ces indices.

Un atout capital

La poignée de main est d'abord une prise de contact avec autrui ; c'est une première manifestation de courtoisie. Il y a des poignées de main qu'on n'oublie jamais : celle qui s'est doucement étirée un peu plus long-temps, celle qui a failli nous briser les os, celle sans vigueur ni consis-tance. Il y a des poignées de main qui nous habitent pendant des jours et des semaines, certaines nous rendent mal à l'aise, d'autres provo-quent un mouvement de recul. Que vous le vouliez ou non, pendant ces quelques secondes que dure le contact, votre façon de serrer la main en dit long sur vous. De plus, c'est le seul moment où il est permis de tou-cher les gens que vous ne connaissez pas. Alors, mettez tout en œuvre pour qu'ils en conservent un bon souvenir !

Par ailleurs, il est amusant de constater que parfois même les plus avisés dérogent aux règles élémentaires de politesse, comme le raconte Barack Obama dans son livre *L'audace d'espérer, un nouveau rêve américain*: «Le président Bush en personne est apparu dans l'encadrement de la porte et m'a fait signe d'entrer. "Obama!" s'est-il exclamé en me serrant la main. Il s'est ensuite tourné vers un assistant proche qui lui a aspergé la paume d'une giclée de désinfectant.

"Vous en voulez? m'a demandé George W. Bush. C'est un bon truc, ça évite d'attraper des rhumes." Ne voulant pas paraître ignare en matière hygiénique, j'ai accepté un peu de produit...»

De nos jours, plusieurs sont inquiets, à tort ou à raison, de la propagation des microbes. Chaque année, on nous annonce l'arrivée d'un nouveau virus, voire d'une possible pandémie. Dans ce contexte, nous avons des choix personnels à effectuer. Nous ne pouvons pas nous exclure complètement de la société et vivre en ermites, de plus, les germes et les virus sont présents partout (pensez aux poignées de porte, aux menus, aux salières et aux poivrières dans les restaurants, à votre clavier d'ordinateur, au téléphone). Les spécialistes sont d'avis que la solution est de bien se laver les mains, mais il est vraiment impoli de faire usage du «savon sans eau» devant quelqu'un à qui vous venez de tendre la main. L'impression d'être un microbe ambulant est une sensation fort désagréable, croyez-moi!

Lorsque je présente un programme de formation, il n'est pas rare que les organisateurs choisissent de retirer l'élément «Poignée de main» de l'atelier prétextant que tout le monde sait comment tendre la main. C'est vrai, mais offrons-nous toujours un contact efficace et rassurant? Assurément non.

À preuve, bien des femmes hésitent encore aujourd'hui à donner la main, craignant qu'il s'agisse là d'un geste trop masculin. Longtemps réservée à la gent masculine, la poignée de main est pourtant aujourd'hui asexuée. L'histoire nous apprend que jusqu'en 1930, le baisemain et la révérence étaient les gestes de salutation réservés aux dames. Ce qui explique pourquoi encore aujourd'hui bien des femmes sont embarrassées et hésitent à prendre l'initiative de ce contact, alors que les hommes, eux aussi mal à l'aise, ne savent pas trop quoi offrir : la poignée de main ou des baisers sur les joues. Alors, mesdames, prenez les devants et tendez la main les premières, avec fermeté. Vous éviterez ainsi tout malentendu et peut-être aussi quelques baisers sur les joues ! Précisons que le baisemain n'a plus sa place aujourd'hui en affaires. Cependant, certains messieurs y tiennent vraiment ; dans ce cas, sachez qu'il est destiné aux femmes mariées seulement.

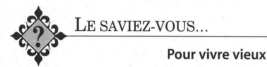 LE SAVIEZ-VOUS...

Pour vivre vieux

Pour vivre plus longtemps, il faut avoir une bonne poignée de main. La force de la vôtre pourrait bien être un indicateur de votre espérance de vie ! Des chercheurs britanniques arrivent à cette conclusion après avoir compilé les données de 33 études auxquelles 50 000 personnes ont participé sur une période pouvant aller jusqu'à 43 ans. De ces recherches, il apparaît que la mortalité des hommes et des femmes à la main molle est supérieure de 67 % à celle des hommes et des femmes à poignée ferme !

Avez-vous déjà refusé de tendre la main ou quelqu'un vous a-t-il déjà refusé ce contact ? Refuser d'offrir la main, c'est en quelque sorte un rejet, une insulte, un moyen de communiquer votre désintéressement.

La poignée de main est appropriée pour accueillir un homme ou une femme, ou tout simplement pour faire la rencontre de nouvelles personnes. Ce geste doit être fait de façon sincère : un contact trop ferme ou trop faible laisse une impression négative. Si les autres peuvent lire en vous, faites-en tout autant et profitez-en pour déceler quelques caractéristiques de la personne qui se trouve devant vous : son intérêt, ses motivations, son indifférence, son humeur, son énergie, sa timidité, son amabilité... Ensuite, amorcez la discussion en fonction de votre analyse.

Voici quelques signaux complémentaires à considérer lors de vos prochains contacts, selon Philippe Turchet, auteur de *La synergologie*: «En situation de serrement de main, les êtres humains sont proches et ils se touchent. Leur rapport les uns aux autres est donc, à ce moment précis, tout sauf innocent. Le serrement de main au moment où les êtres humains se quittent est encore plus révélateur de leur disposition d'esprit, comparativement à la poignée de main du début beaucoup plus réservée! Les mains moites seront le signe d'une mauvaise santé et d'une grande émotivité; les mains sèches et rugueuses, d'un tempérament nerveux et explosif; les mains rouges seront les mains des colériques et les mains pâles et molles, les attributs de caractères peu aptes à la décision.»

- Vous avez à coup sûr déjà serré une poignée de main molle. Pas très agréable, n'est-ce-pas? Pourtant, dites-vous que la personne qui s'adresse à vous avec une telle poignée de main est sans doute timide, mal à l'aise, fragile, sans grande confiance ni détermination. Ce type de contact traduit souvent une personnalité faible ou qui refuse de se dévoiler. C'est à vous de mettre tout en œuvre pour réduire le malaise: prenez quelques instants pour faire la conversation, offrez quelque chose à boire, un sourire, un siège.

  En faisant l'analyse de ce premier contact, une fois le non-verbal décrypté, vous saurez si vous désirez aller de l'avant avec cette personne et la connaître davantage.

- Quelqu'un vous a-t-il déjà salué avec une poignée trop ferme vous faisant ainsi grimacer de douleur? Cette poignée de main vous aiguillera sur la force de caractère de la personnalité qui se trouve devant vous et qui tente de démontrer son autorité. Dans certains cas, cette étreinte trop ferme dissimule un manque de confiance en soi ou un sentiment d'infériorité. Ce malaise est alors surcompensé par des signes d'autorité trop appuyés pour être parfaitement honnêtes. Vous pourrez facilement faire la différence entre les deux états. Pour aller à la rencontre de cette personne, abordez la conversation d'une façon plus directe, car vous êtes au fait des «armes» que possède votre interlocuteur, soit un tempérament dominant. Voilà une bonne raison d'agir et de prendre les devants pour influencer à votre avantage la suite de l'entretien.

- Avez-vous déjà douté de la sincérité de quelqu'un à la suite d'une poignée de main trop familière ? Pensons à ces gens qui nous attirent vers eux avec une étreinte à deux mains. Un contact trop complaisant, comme cette main gauche qui vient envelopper notre bras ou parfois notre épaule, suscite la méfiance lorsqu'il est fait par un inconnu. L'endroit idéal pour utiliser cette poignée de main (très enrobée) est lors de funérailles pour exprimer vos condoléances, sans avoir à parler. En Amérique du Nord, ce contact chaleureux est réservé aux gens que vous connaissez bien, les personnes âgées et les bons amis, sinon vos interlocuteurs risquent de douter de votre proximité soudaine.

Selon le spécialiste français de la gestuelle, Jean-Pierre Veyrat, « le grand toucheur est extraverti, il cherche à garder la main sur l'autre, au sens propre et figuré. D'ailleurs, en France, les effets du toucher sont reconnus pour marquer l'autorité, la protection, l'intérêt, voire la manipulation. On se sert de plus en plus du toucher pour entrer dans un clan ou afficher son prestige. Toucher, c'est un signe d'affection, mais cela sert aussi à exprimer : "J'ai une chose à te demander, tu ne peux pas la refuser." »

Pourtant, la règle est simple : on ne touche pas les gens que l'on ne connaît pas. Nous commettons tous des impairs ; même Barack Obama, avant son élection à la présidence des États-Unis, a remis certains de ses gestes en question comme il le raconte dans le livre *L'audace d'espérer, un nouveau rêve américain.* « Après un entretien avec George W. Bush et tandis que nous nous dirigions vers la porte, je lui ai rapporté quelques anecdotes de la campagne électorale. Ce n'est qu'après son départ que je me suis rendu compte que j'avais brièvement posé la main sur son épaule, une habitude inconsciente chez moi, mais qui, présumais-je, aurait peut-être mis mal à l'aise un grand nombre de mes amis, sans parler des agents des services secrets présents dans la pièce et chargés de la protection du président. » Je sais, il s'agit encore là de détails et nous ne sommes pas tous en représentation à la Maison-Blanche, mais sachez que tous vos gestes ont une incidence sur votre image. Ce ne sont là que quelques exemples pour illustrer à quel point une simple poignée de main peut avoir un effet déterminant sur la perception des gens. Par ailleurs, plusieurs recherches démontrent que l'issue d'une vente, plus souvent qu'autrement, est prévisible lors de la première poignée de main.

La poignée de main parfaite

Toutes les poignées de main sont uniques, et chaque fois que vous donnez la main à quelqu'un, vous faites souvent l'effort – conscient ou non – de vous adapter à la personne qui est devant vous. Il n'y a donc pas de recettes miracles ou de principes à suivre à la lettre. Par contre, une bonne poignée de main ressemblera toujours à ceci : un contact ferme, accompagné d'un regard intéressé et d'un sourire sincère ; c'est ainsi que vous convaincrez de vos qualités humaines. Pour être certain de l'effet que donne votre poignée de main, demandez à vos amis ce qu'ils en pensent. Le contact doit être le même lorsque vous tendez la main à un homme ou à une femme.

LE SAVIEZ-VOUS...

Anecdote

Le record des poignées de main distribuées en une seule journée appartient à Theodore Roosevelt, alors président des États-Unis d'Amérique, qui, à l'occasion du Nouvel An 1907 à la Maison-Blanche, en aurait serré 8513 !

TRUCS ÉCLAIR

- Commencez et terminez vos rencontres avec une poignée de main.

- Évitez les fameux baisers sur les joues trop intimes. Réservez les accolades à vos amis et aux bonnes connaissances.

- Soyez toujours debout pour serrer la main, que vous soyez un homme ou une femme, pour établir votre crédibilité.

- Évitez les obstacles entre vous : faites le tour de votre bureau afin d'accueillir un visiteur et de tendre la main.

- Votre poignée de main doit être accompagnée d'un bon contact visuel. Faites attention à la durée : deux légères secousses suffisent !

- Hommes ou femmes peuvent prendre l'initiative de donner la poignée de main.

Dans le monde

L'usage de la poignée de main s'est étendu jusqu'en Asie et dans la plupart des pays. Les Français, tout comme les Russes, les Italiens et les Espagnols, sont de grands adeptes de ce toucher puisqu'ils accordent une partie considérable de leur temps à serrer la main de ceux qu'ils rencontrent. La poignée de main est moins répandue chez les Britanniques et les Allemands. Vous aurez une bonne longueur d'avance si, avant de partir à l'étranger, vous vous renseignez sur l'étiquette. Apprenez à saluer les gens qui vous accueillent dans leur langue, c'est une marque de respect fort appréciée. Renseignez-vous sur les façons de refuser poliment certains aliments lorsque vous êtes invité à un repas, vous ne voulez pas insulter vos hôtes.

Corée du Sud

Les Coréens ajoutent à l'inclination de la tête une poignée de main. La main gauche viendra peut-être soutenir votre avant-bras droit pendant la poignée de main, en signe de respect. Les femmes serrent la main moins couramment que les hommes; attendez qu'elles prennent l'initiative du contact. Lorsqu'on vous remet une carte professionnelle, recevez-la avec les deux mains en signe de respect. « Lors d'une réunion professionnelle, la personne la plus éminente, peu importe qu'il s'agisse d'un homme ou d'une femme, entre et sort la première de la salle. Pour éviter les faux pas, attendez qu'on vous indique votre place. De même si quelqu'un vous propose du café, ne soyez pas le premier à boire, vous offenseriez vos hôtes », explique Bruno Marion dans *Réussir avec les Asiatiques.*

Chine

Attendez que les Chinois vous tendent la main d'abord, saluez la personne ayant le titre hiérarchique le plus élevé en premier. La poignée de main est offerte à l'arrivée et au départ. Les poignées de main sont beaucoup moins fermes que celles des Occidentaux, lesquelles sont souvent considérées comme agressives par les Asiatiques qui préfèrent un léger contact accompagné de quelques secousses (ils démontrent ainsi leur plaisir à vous rencontrer). De plus, leur contact visuel n'est pas aussi direct que le nôtre; pour eux, c'est un signe de respect. La proximité physique est une habitude latine qu'ils ne partagent pas du tout et, enfin, leur gestuelle est limitée; ils ne parlent pas avec leurs mains, veillez donc à restreindre vos mouvements.

Inde

Certains Indiens, lorsqu'ils vous serrent la main, viendront l'envelopper de leurs deux mains en signe de sincérité ou pour vous saluer de manière plus chaleureuse. De même, lors des négociations, il n'est pas rare que le négociateur indien prenne la main de son interlocuteur dans les siennes et la conserve pendant un long moment. Lorsque l'on vous propose une boisson ou un mets, il est poli de refuser la première fois et de toujours accepter ensuite. Sachez que beaucoup d'Indiens ne sont pas à l'aise avec un contact visuel continu et que cligner des yeux exprime un désir sexuel!

Japon

Les Japonais vous offriront une poignée de main accompagnée d'un contact visuel léger. La révérence est utilisée pour démontrer le respect, mais ils ont toutefois appris à tendre la main. Si vous devez faire la révérence, demandez à ce que l'on vous l'enseigne afin de ne pas vous ridiculiser. Le respect et la politesse revêtent une importance cruciale pour ce pays réputé le plus poli de tous. Tel que l'auteur l'a mentionné dans *Réussir avec les Asiatiques*, le code de politesse japonais est à deux niveaux: on vous démontrera peu de considération avant de vous connaître, mais lorsque votre interlocuteur saura qui vous êtes, il sera très prévenant et attentionné. Au Japon, on se cache pour se moucher. On évite de regarder dans les yeux, alors faites de même, car le contact visuel direct pourrait être perçu comme une agression.

Italie

Les Italiens tout comme les Français offrent facilement la poignée de main pour vous accueillir et vous dire au revoir, et ils la feront suivre d'une embrassade, un geste affectueux. Leur poignée de main est ferme, accompagnée d'un bon contact visuel. Les Italiens apprécient la proximité physique, évitez de vous écarter.

Canada et États-Unis

Vous aurez droit à un contact ferme comptant deux ou trois secousses; une poignée de main trop rapide démontre de la timidité, et un contact trop long laisse un message de domination. Tant les hommes que les femmes commenceront le rendez-vous par une poignée de main. Le regard est important afin de refléter votre ouverture et votre honnêteté. Encore une fois, privilégiez les contacts physiques avec les bonnes connaissances et vos amis, et observez une distance raisonnable lors de la conversation, soit entre 45 et 75 cm.

LE SAVIEZ-VOUS…

La gestuelle des doigts et des mains : un véritable langage

Si beaucoup de gestes sont universels, leur signification, par contre, diffère d'une culture à l'autre. Par exemple, lorsque, dans les pays anglophones, nous formons un anneau avec les doigts pour signifier « OK », ce même signe signifie « argent » pour les Japonais, « zéro ou rien » pour les Français et les Belges, et une insulte pour les Turcs et les Brésiliens.

Regardons maintenant le pouce dressé, dans plusieurs pays comme les États-Unis, l'Australie, la Nouvelle-Zélande, l'Afrique du Sud et Singapour, c'est le geste utilisé par les auto-stoppeurs, et également synonyme de « OK ». Parfois, il représente une insulte ; lorsque le pouce est énergiquement projeté vers le haut, en Grèce, il signifie « Ferme-la ! ». Pour les Européens, le pouce marque le chiffre 1 lorsqu'ils comptent sur leurs doigts alors que c'est l'index qui remplit cette fonction dans les pays anglophones, le pouce étant réservé au chiffre 5. Le pouce sert également à marquer le pouvoir et l'autorité. Il était signe de vie ou de mort pour les gladiateurs de l'Empire romain, selon qu'il était pointé vers le haut ou vers le bas. Vous connaissez aussi ce signe où l'index et l'auriculaire dressés représentent les cornes du taureau utilisé par les Américains pour soutenir, entre autres, leur équipe de football. Eh bien, en Italie, cela transmet le « signal du cocu ». Lorsque vous arrivez dans un pays étranger, renseignez-vous sur les codes en vigueur avant de tirer vos conclusions sur le langage corporel. (Tiré de : *The Definitive Book of Body Language*.)

MA PLUS-VALUE

Votre main droite doit avoir la bonne *attitude*. Avant de rencontrer quelqu'un, soyez positif, ayez des pensées qui vont en ce sens. Centrez votre attention sur votre rencontre et votre regard sur la personne qui se trouve en face de vous. Si vous avez l'esprit ailleurs, vous laisserez un message de nervosité ou de désintéressement.

Étape 3

RELATIONS

DE TRAVAIL

*Le climat de travail,
c'est la signature de l'entreprise.
S'il est empreint de politesse,
c'est un avantage concurrentiel
pour attirer de meilleurs
employés et les garder.*

Florent Francoeur (conférencier en ressources humaines)

Je me rappelle l'un de mes premiers emplois, celui où j'avais tout à prouver. Je devais avoir 26 ans et bien peu d'expérience professionnelle et sociale. C'est avec ce mince bagage que je me retrouve donc à Québec, au château Frontenac, afin de participer à un événement qui réunit journalistes et animateurs de différents médias. Lieu prestigieux, repas fastueux, couverts débordant de couteaux et de fourchettes : le cadre était impressionnant. Ce décor à faire rêver tourna rapidement au cauchemar pour moi, trop intimidée, ne sachant où m'asseoir, et encore moins comment me présenter à tous ces nouveaux collègues. Incapable de prendre ma place, je suis partie, sans même avoir goûté une seule bouchée de ce somptueux repas ! Rassurez-vous, j'ai conservé mon emploi, mais mon manque de savoir-faire a fait naître le doute au sein de l'équipe quant à ma capacité à gérer un dossier, à mener des entrevues, à créer de nouveaux contacts, étant incapable de me conduire convenablement à un dîner. Difficile de faire sa place dans un nouveau groupe après avoir suscité leur scepticisme!

Cette leçon inoubliable résume avec humour ce que plusieurs ont aussi compris : si vous désirez connaître quelqu'un rapidement, invitez-le à prendre un repas, vous épargnerez ainsi beaucoup de temps. C'est à table que nous laissons les indices de notre professionnalisme et de notre savoir-vivre, malheureusement pas toujours ceux que nous souhaitions dévoiler (voir à ce sujet l'étape 8)!

Nous avons tous à faire face à de nouveaux défis professionnels à un moment ou à un autre de notre carrière. La stabilité d'emploi n'est plus une valeur sur laquelle nous pouvons nous appuyer, il y a de fortes chances que nous devions un jour nous mettre à la recherche d'un nouvel emploi. Exceller lors d'entrevues devant une ou plusieurs personnes, prendre notre place dans un nouvel environnement de travail ne sont que quelques exemples de situations qui constituent une source de stress et qui, malheureusement, font perdre à bien des candidats leurs moyens et, du coup, leurs chances de décrocher ou de conserver le poste pour lequel ils étaient peut-être qualifiés. Devant leur incapacité à faire ressortir leurs qualifications et leur confiance en eux, ils sont repartis avec en poche une lettre leur souhaitant bonne chance dans leurs futures recherches!

Tous les chasseurs de têtes savent que les premiers instants d'une entrevue sont cruciaux. L'un d'eux me racontait récemment qu'un candidat vedette avait perdu toutes ses chances d'obtenir le poste sitôt qu'il s'était présenté à la rencontre : «Celui qui avait jusqu'ici réussi à impressionner le comité de sélection affiche une attitude désintéressée en entrevue. Il s'est présenté vêtu de façon trop décontractée, son regard était fuyant et sa poignée de main était plutôt timide. Avant même d'avoir commencé l'ultime entrevue de sélection, nous savions que ce candidat n'aurait pas le poste.» Le candidat avait démontré ses compétences professionnelles, mais il n'avait pas été en mesure de laisser transparaître ses habiletés sociales et relationnelles, alors qu'elles sont jugées tout aussi importantes.

Une entrevue au restaurant avec ou sans verre de vin ?

Plusieurs entreprises invitent maintenant les candidats sélectionnés pour un poste à une dernière rencontre au restaurant, question d'apprendre à connaître socialement les futurs employés et les observer dans un contexte autre que celui du bureau. Lorsqu'on vous convie à un tel repas, devez-vous systématiquement refuser de prendre de l'alcool ? Votre bon jugement vous donnera la réponse. Vous devez tenir compte du contexte : si tous les gens à votre table consomment un verre de vin, par exemple, vous pouvez choisir de les accompagner et ainsi démontrer votre capacité à boire raisonnablement en refusant le deuxième verre, cela va de soi ! Vous pourrez tout aussi bien opter pour une eau minérale ou une limonade. Si, par contre, on vous offre un jus ou une boisson gazeuse, il serait déplacé de commander une boisson alcoolisée.

Partez du bon pied !

Si vous voulez vous faire connaître d'un groupe social ou entrer sur le marché du travail, au moins dans un premier temps, force est d'en adopter les normes, les règles. Pour entamer une nouvelle carrière, comme pour réaliser un nouveau défi au sein de votre entreprise, vous devez sans cesse vous adapter aux changements, aux nouvelles situations, aux nouveaux collègues et aux nouveaux dirigeants. Nous devons réapprendre à nous adapter et à apprivoiser le changement. Selon différents ouvrages, il appert que c'est souvent au bout de quelques jours, voire une semaine, que nous saurons – et nos dirigeants également – si nous avons fait le bon choix ou non.

Une amie m'a raconté que lors d'une rencontre en vue d'obtenir un nouvel emploi, elle s'est présentée à l'entreprise pour un examen de français. Ce qu'elle ignorait à ce moment-là, c'est que l'adjointe administrative chargée d'accueillir les candidats avait aussi reçu le mandat de leur attribuer des étoiles, allant de 1 à 5, afin de noter leur comportement avec elle : leur façon de l'aborder, de la saluer... Dès son arrivée, si le futur candidat démontrait du respect, de la courtoisie et du savoir-vivre, il devenait un postulant de valeur supérieure. Pour la directrice, l'attitude, les manières et l'entregent révèlent tout autant le professionnalisme de la personne que l'évaluation de sa grammaire.

Recommandations

- Soyez à l'heure : la ponctualité est une qualité très appréciée.

- N'oubliez pas que votre entretien débute dès que vous franchissez l'entrée : les adjointes ont un pouvoir insoupçonné.

- Prenez toutes les informations nécessaires : horaire de l'entrevue, durée, les gens que vous allez rencontrer. Mémorisez quelques noms et utilisez-les quelques fois pendant la rencontre – cette initiative démontre votre intérêt.

- Faites une recherche sur l'entreprise : connaissez-vous sa mission, son profil, son historique? Visitez son site Internet, vous y dénicherez nombre d'informations : les dirigeants, les projets actuels, les réalisations récentes. Jetez également un coup d'œil aux photos des membres de l'équipe. Lisez les magazines spécialisés pour vous familiariser avec le vocabulaire particulier du secteur, les compétiteurs, les partenaires. Ces informations vous permettront de poser des questions pertinentes et de discuter tout en faisant ressortir votre préparation consciencieuse à cette entrevue.

- Choisissez la bonne tenue vestimentaire, selon le type d'entreprise et le poste convoité, prenez les informations nécessaires, informez-vous sur le code vestimentaire souhaité. Dans le doute, il vaut mieux être plus habillé que pas assez!

- Pour les présentations, tendez la main et saluez tous ceux qui sont devant vous, en prononçant leur nom si possible : «Bonjour, monsieur Cadorette, merci de m'accorder votre temps.» Ne négligez personne.

- Soyez patient, attendez que l'on vous attribue un siège avant de prendre place.

- Évitez tout commentaire négatif concernant un employeur précédent.

- Enfin, votre langage non verbal jouera un rôle tout aussi important que vos paroles au cours de l'entretien d'embauche. Portez attention à votre position sur votre siège, évitez de jouer avec vos cheveux, de croiser et de décroiser les pieds à répétition. Regardez ceux à qui vous vous adressez : un regard franc viendra renforcer votre propos.

NOUVEAU BOULOT : TRUCS ÉCLAIR

- Résistez à l'envie de comparer votre nouveau travail à votre ancien et de revenir sur les méthodes que vous utilisiez auparavant. Soyez ouvert à découvrir de nouvelles manières d'accomplir votre boulot.

- Prenez l'initiative d'aller à la rencontre de vos nouveaux collègues : présentez-vous et faites preuve de sincérité lors de vos premiers contacts. Soyez vraiment à l'écoute afin d'apprendre à apprécier votre nouvel environnement et les collaborateurs qui évoluent au sein de l'équipe. Mémorisez quelques noms, encore une fois pour démontrer votre intérêt.

- Soyez bon joueur, travaillez en équipe. N'hésitez pas à demander un retour sur vos actions : posez des questions, informez-vous et validez le travail accompli auprès de votre supérieur. Faites preuve d'ouverture, de curiosité, élargissez vos horizons.

- Apprenez à connaître la culture, la mission, la philosophie, les règles, les valeurs de l'entreprise, puisque votre objectif est de vous adapter rapidement :

  – Est-ce que l'organisation valorise davantage le travail d'équipe ou le travail individuel ?

  – Quelle est l'ambiance de travail : cultivée, décontractée ou plus protocolaire ?

49

– Quelles sont les façons de communiquer entre les membres de l'équipe : conversations téléphoniques, notes de service, rencontres hebdomadaires, etc. ?

• Associez-vous avec les bonnes personnes ; les gens positifs sont toujours de bons alliés. Soyez à l'aise de féliciter les collègues pour leurs réussites. La reconnaissance, c'est une motivation pour tout un chacun !

• Portez une attention particulière à votre tenue vestimentaire. Vous ne voulez pas vous présenter avec une tenue qui serait trop habillée ou trop décontractée. Gardez à l'esprit que votre apparence contribuera en grande partie à façonner l'image qu'on se fera de vous.

Encore une fois, c'est la première impression qui fera toute la différence. Cette marque laissera à vos nouveaux collègues l'envie de vous connaître, de vous accepter dans leur équipe ou, malheureusement pour certains, l'envie de vous fuir et de vous ignorer. Vous connaissez l'expression : «Je ne le connais pas, et pourtant il ne me plaît pas.» Faites en sorte que les gens vous trouvent sympathique dès les premiers moments, souriez et soyez sincère.

Les manquements professionnels

Il est assez amusant de noter les aberrations que nous vivons quotidiennement lorsqu'il est question de service à la clientèle. Les exemples sont nombreux ; en voici un particulièrement révélateur mettant en relief de petits détails qui font une énorme différence aux yeux de vos clients.

Désirant joindre une ancienne cliente, je compose le numéro de son entreprise, puis son poste et, à ma grande surprise, c'est un homme qui décroche le combiné. Je lui demande si je peux parler à Mme Simard. « Si vous voulez parler à cette dame, pourquoi vous m'appelez moi ? » a-t-il répondu brusquement. J'ai pris une bonne respiration et lui ai demandé si elle était toujours à l'emploi de cette entreprise de services en comptabilité. « Je ne sais pas, je suis nouveau et je n'ai jamais entendu parler d'elle. Rappelez la réceptionniste. » Cet homme ne savait pas qui j'étais, quel était le but de mon appel, et n'a pas tenté de me venir en aide. Perception : manque de savoir-faire et de respect pour la dame qui était en place auparavant, et pour la personne qui est au bout du fil, une cliente actuelle ou éventuelle. Lorsque j'ai finalement réussi à contacter Mme Simard, qui d'ailleurs est toujours à l'emploi de cette compagnie mais assignée à un nouveau secteur, elle était sans mot et tellement désolée de l'image négative laissée par ce nouveau collègue.

Le bouche à oreille demeure encore une valeur de vérité pour plusieurs d'entre nous, et aucune publicité n'aura autant d'impact que la référence – bonne ou mauvaise – d'une personne digne de confiance. Au fait, si vous recherchez des services en comptabilité, ce n'est assurément pas l'entreprise mentionnée précédemment que je vous recommanderai. Soyez vigilant : vous ne savez jamais qui connaît qui ! Chaque nouvelle connaissance est susceptible un jour d'avoir besoin de vos services. À vous de semer de bons sentiments à votre égard.

L'environnement de travail

Comme plusieurs espaces d'un environnement de travail sont communs à tous, il est primordial de cultiver le respect et de faire preuve de discrétion. Les bureaux à aires ouvertes demandent à tous un minimum de bonnes manières, de patience et de tolérance. Pensez à tout ce que votre ancien collègue vous a fait subir en parlant très fort au téléphone, à celle qui racontait des blagues alors que vous discutiez avec un client important, ou encore à l'autre qui prenait ses repas à son bureau, empestant la pièce tout entière d'une odeur de poisson... Les irritants sont nombreux, il est impossible de tous les énumérer. Alors que certains font sourire, d'autres finissent par détruire le climat de travail. Quelques petites attentions pourront éviter les disputes et les conflits.

Gardez votre bureau bien tenu : lorsque des visiteurs se présenteront, vous laisserez une image positive de l'entreprise et de votre professionnalisme. Un bureau pêle-mêle n'illustre pas que vous êtes débordé de travail, au contraire cela indique votre incapacité à gérer efficacement vos tâches. L'image, toujours l'image. Les bonnes manières doivent se transposer non seulement devant les clients, mais également en parallèle avec nos collègues. Un environnement convivial favorise de bonnes relations et réduit le stress, cela va de soi.

Conservez dans la sphère du privé certains détails de votre vie, cela permet d'établir un climat de respect. Votre lieu de travail n'est pas l'endroit idéal pour faire des confidences intimes. Vous ne voulez pas devenir le sujet de commérage de la boîte, le sujet amusant discuté à la pause café ? Le fait de séparer votre vie personnelle de votre vie professionnelle pourrait vous épargner bien des tracas ; vos collègues ne sont pas tous discrets et disposés à recevoir vos confidences.

Au cours de mes formations sur «L'excellence du service à la clientèle», où plusieurs points visent à prodiguer une attention supérieure aux visiteurs, j'entends souvent le même commentaire : «Pourquoi n'applique-t-on pas ces règles entre nous ? Le respect et la délicatesse, c'est apprécié par tout le monde.» Voilà qui est pertinent, car il est bien vrai qu'on doit aussi prendre soin de ceux qui nous accompagnent au travail. Lorsqu'un collègue réussit un bon coup, prenez le temps de le féliciter. Si on vous offre un café, dites merci. Un bonjour demande à tout le moins un sourire. Finalement, il est encore possible, même lorsque tout va trop vite, de prendre deux minutes pour écouter un collègue qui en a besoin.

À 17 ans, j'ai reçu ma première formation en milieu de travail. De cette session, je n'ai retenu qu'un seul élément et je l'applique encore régulièrement : « Si vous êtes de mauvais poil un matin, évitez de faire subir à votre collègue votre mauvaise humeur, car il croira qu'il est responsable de votre état. Il se demandera ce qu'il a fait pour vous déplaire. Dites-lui plutôt ce qui ne va pas en quelques mots : évitez tous les détails, soyez bref. Souvent, le simple fait d'en glisser un mot nous libère de notre état d'esprit négatif. » Cela fonctionne chaque fois que je mets ce truc de l'avant : j'ai le sentiment que les gens me comprennent et je peux ensuite penser à autre chose plutôt que de ruminer mon malheur !

Vous pouvez faire la *différence* et améliorer l'esprit d'équipe, de votre équipe, celle où vous passerez un temps considérable au cours de votre vie. Autant tout mettre en œuvre pour que les journées soient agréables ! De plus, la meilleure motivation vient de vous-même, de votre intérêt et de votre implication. Investissez-vous dans votre travail et vous l'apprécierez davantage. Plusieurs recherches menées à l'université de Rochester ont démontré que les récompenses au travail n'ont pas toujours l'effet incitatif espéré. Lorsque le seul intérêt se trouve à être la récompense, la satisfaction s'estompe. Pour sa part, l'épidémiologiste britannique Richard Wilkinson prétend qu'au-delà d'un certain niveau de vie matériel, accumuler de la richesse supplémentaire n'a plus la moindre incidence sur la santé et sur le bonheur des personnes. À mesure qu'une société s'enrichit, le confort matériel contribue de moins en moins au bien-être des habitants. Selon lui, nous pouvons avoir bon espoir de renverser de nouveau la vapeur afin de créer des sociétés où la qualité de la vie et des relations humaines sera bien supérieure à ce qu'elle est aujourd'hui. Le manque de courtoisie a des répercussions dans le monde professionnel et coûte cher aux employeurs. Selon une étude américaine menée en 1999, plus de 10 % des démissions sont attribuables à un manque de civilité au travail.

Au cours d'une émission radiophonique sur le manque de civilité dans la vie de tous les jours, les auditeurs exprimaient leurs frustrations quant au service à la clientèle. Leur principale récrimination était l'absence de reconnaissance, voire l'indifférence des employés et des entreprises. Plusieurs déploraient ne pas être salués, remerciés et, pis encore, avaient le sentiment de ne pas être écoutés. Que de bonnes raisons pour aller voir le concurrent !

À éviter au travail

- Arriver en retard à un rendez-vous.

- Prendre ses messages (téléphoniques ou textes) au cours d'une rencontre ou d'une réunion ; il s'agit d'un flagrant manque de considération pour vos collègues ou clients.

- Faire du potinage, parler négativement d'un collègue, d'un patron ou de l'entreprise.

- Hausser la voix, imposer votre point de vue.

- Tenir pour acquis l'aide qu'on vous offre, ne pas remercier.

- Ne pas donner suite à un message, à un courriel, obligeant les expéditeurs à vous relancer.

- Vous placer au-dessus des autres, afficher un air supérieur, ignorer, insulter ou faire des commentaires méprisants à vos collègues.

- Refuser de collaborer à un travail d'équipe.

La mauvaise humeur fait perdre du temps et n'arrange pas les choses. Avec de la bonne humeur, on vient à bout des choses les plus difficiles, et surtout on n'empoisonne pas sa vie et celle du prochain.

La bienséance, tiré d'un manuel scolaire canadien, 1957

MA PLUS-VALUE

Faites usage de ces trois mots simples, faciles à utiliser, pour démontrer votre respect : un simple «bonjour» signifie que vous existez à mes yeux ; puis, un «merci» démontre votre appréciation (par exemple, un client vous offre du travail, un contrat) ; enfin, si vous demandez au lieu d'exiger, les gens auront davantage envie de vous satisfaire, car le «s'il vous plaît» n'a pas son pareil.

CAPSULE HISTORIQUE

Smoking : Le mot «smoking» apparaît comme un complément du fumoir. En Angleterre, c'était un vêtement apporté aux convives masculins à la fin du dîner. Les messieurs le revêtaient pour aller fumer librement dans une autre pièce et ils rendaient ensuite le vêtement pour éviter d'incommoder les dames avec une odeur indésirable.

Gants : À la fin du XIXᵉ siècle, les gants sont devenus, pour les hommes comme pour les femmes, un accessoire indispensable. On se gante pour aller à la promenade, en soirée, en voyage et on les conserve jusqu'à ce que le repas soit servi. Il existait alors un type et une couleur de gants pour chaque activité et chaque moment de la journée. Les retirer pour serrer la main et se déganter lorsqu'on entre dans une pièce constitue un geste de politesse élémentaire.

Chapeau : Au même titre que les gants, le chapeau est, au XIXᵉ siècle, un accessoire symbolique essentiel à la toilette féminine. Il correspond à l'image de la femme, un être moralement supérieur à l'homme mais physiquement inférieur, un bibelot précieux et fragile... Sortir en cheveux représentait un potentiel de danger ! Porté plus rarement de nos jours, il est réservé aux grandes occasions (mariage, funérailles). Le chapeau est assorti à une tenue habillée. Il est possible de le garder pour un déjeuner, un dîner, un cocktail. Il est d'usage de ne pas porter de chapeau après 17 heures.

Pantalon : Jusqu'en 1981, à l'Assemblée de Paris, les femmes devaient éviter le pantalon. Même si la réprobation est incomparablement moins forte qu'elle ne l'était jadis, elles ne sauraient entrer au Parlement les épaules ou le dos nus. (Tiré de : *Histoire de la politesse*.)

Cravate : La cravate est devenue au XIXᵉ siècle un accessoire servant à distinguer l'homme «comme il faut» de l'homme sans éducation. En 1823, on publie le *Cravatina, ou traité général des cravates*. Heureusement, quelques années plus tard, la cravate se simplifie et son rôle social tend à se réduire. Encore aujourd'hui, le refus de la cravate est une forme de rejet du code vestimentaire et un aveu d'individualisme. Il semblerait qu'un homme qui remet constamment le nœud de sa cravate en place vous informe, malgré lui, que la situation qu'il vit ébranle sa confiance en lui ; celui qui ressent toujours le besoin de desserrer son nœud de cravate en réunion craindrait de perdre la main, son territoire ou son autorité. Hors de ce contexte, un homme qui desserre son nœud de cravate trahit un besoin de plaire ou de séduire. Selon Marie-Louise Pierson, «chaque année, on jure qu'elle disparaîtra cette cravate, mais elle représente finalement une bonne dose de sécurité : col bien fermé sur des poils follets ou des toisons sauvages qui n'ont pas leur place dans l'entreprise».

REVOIR

SA TENUE VESTIMENTAIRE PROFESSIONNELLE

*Seuls les imbéciles ne jugent pas
d'après les apparences.*

Oscar Wilde (écrivain)

En tant que travailleuse autonome, je travaille à la maison. Certains matins, j'avais pris l'habitude de boire mon café bien à mon bureau en pyjama. Chaque fois que j'ai tenté cette expérience, j'ai obtenu le même résultat : un succès mitigé. La sonnerie du téléphone se fait entendre, c'est un nouveau client, et je dois lui expliquer les objectifs de mes formations. Je ne suis cependant pas aussi convaincante que d'habitude, moins sûre de mon propos, c'est comme si je ne croyais pas en ma crédibilité. J'ai l'attitude qui vient avec le vêtement : un peu endormie, passive, nonchalante !

La fin du XXe siècle et le début du XXIe siècle reposent sur l'image. Pour ceux qui ont des réticences avec le concept, parlons alors du *souci des apparences*. Votre allure ne viendra pas remplacer vos compétences professionnelles et vos qualifications, mais elle pourrait susciter quelques appréhensions quant à votre crédibilité et même gâcher certaines possibilités. Je sais que l'idée de juger les gens sur leur apparence est regrettable, mais nous le faisons tous, avouons-le. L'image est la voie de communication par laquelle nous jugeons les valeurs personnelles, la qualité d'un produit, les entreprises, le professionnalisme d'un individu... Prenez-vous toujours le temps d'aller au-delà de l'image? Si vous répondez affirmativement, c'est tout à votre honneur. Cependant, la majorité d'entre nous va droit au verdict en quelques secondes seulement. C'est une valeur de société discutable, c'est évident, mais elle est tout de même bien réelle. En conséquence, votre tenue vestimentaire doit faire ressortir votre nature, votre personnalité en un seul coup d'œil.

Êtes-vous certain que votre allure exprime adéquatement votre savoir-faire? Votre message est-il bien reçu?

Votre image est une partie importante de votre langage; c'est d'ailleurs le premier élément de votre communication. Si les gens doutent de votre professionnalisme avant que vous ayez eu le temps d'ouvrir la bouche, peut-être auriez-vous intérêt à modifier quelques détails, car votre apparence répand doutes et incertitudes à votre égard! Vous devez prendre conscience de votre allure, car les gens qui vous croisent, eux, feront une lecture rapide de votre langage vestimentaire. «Le vêtement est un moyen parmi d'autres de manifester sa politesse ou, au contraire, de se montrer impoli; rien ne vaut la sobriété et la discrétion, qui restent en la matière le critère du bon goût.» (Tiré de: *Histoire de la politesse*.)

Je me souviens de cet homme qui, après une conférence, était venu me raconter à quel point les bonnes manières avaient perdu de leur importance et que, dans son entreprise, il se faisait un point d'honneur de les remettre en place et d'en faire la promotion. Désolée pour la suite de la conversation, c'est précisément à ce moment-là que je me suis égarée, j'étais complètement perdue dans les yeux de Mickey Mouse bien en vue sur la cravate de mon interlocuteur. Mickey me regardait d'un air amusé et il semblait bien conscient de son effet sur la crédibilité de son propriétaire. Malheureusement, cet homme d'affaires dégageait une image peu valorisante et peu convaincante de ses capacités à gérer efficacement et sérieusement ses employés et son entreprise.

Lorsque vous portez une tenue vestimentaire adéquate, vous annoncez que vous désirez être pris au sérieux et respecté, et vous influencez ainsi la perception de ceux qui vous côtoient. À l'inverse, une tenue négligée témoignera d'un manque de discernement et d'une certaine désinvolture. Lorsque vous portez une tenue vestimentaire bien assortie à votre domaine, celle qui démontre votre sens de l'analyse, vous êtes perçu comme ayant un jugement convenable et nous voulons tous nous associer à des gens qui font preuve de perspicacité. Souvenez-vous que quelques secondes suffisent pour faire une première bonne ou mauvaise impression et que la moitié de l'attention des gens est retenue par les apparences.

- Votre image vous valorise- t-elle? Votre allure met-elle en évidence vos qualités, votre statut, votre professionnalisme?

- Comment les autres vous voient-ils? Votre image vous servira-t-elle ou nuira-t-elle à vos objectifs professionnels?

- Avez-vous sélectionné des vêtements appropriés pour une activité prévue à l'extérieur du bureau? Souvenez-vous que même lors d'événements de représentation, vous êtes toujours au travail, à vendre d'abord votre personnalité.

Un ami que j'ai connu à l'université il y a plusieurs années, alors qu'il portait les cheveux longs, me racontait dernièrement avoir accédé à un poste de cadre. Comme il devait maintenant diriger une équipe de plusieurs employés et qu'il avait perçu que son leadership était remis en question, il a pris les grands moyens: «J'ai coupé mes cheveux afin d'avoir l'attention des membres de mon équipe et cela a fonctionné. Lorsque j'en ai constaté le succès, je les ai raccourcis davantage pour que, cette fois, non seulement ils écoutent mes directives, mais aussi qu'ils les mettent de l'avant!»

On remarque, depuis la fin des années 1990, l'apparition du *casual Friday* qui se traduit actuellement par un style professionnel qui se relâche, un laisser-aller. L'éclatement des normes vestimentaires cause d'énormes maux de tête aux dirigeants d'entreprise qui doivent consacrer plusieurs heures à expliquer à leurs employés que les chandails trop ajustés n'ont pas leur place au bureau, tout comme les jupes trop courtes, les pantalons de jogging et les chandails de coton ouaté. C'est un peu comme si nous ne faisions plus la distinction entre le milieu professionnel et les activités entre amis. Certains d'entre vous se souviendront de ce rituel associé à nos premières années scolaires : lorsque nous revenions de l'école, il était impératif d'enfiler nos vêtements pour aller «jouer dehors». Deux concepts plutôt dépassés : d'abord, plusieurs conservent aujourd'hui les mêmes tenues pour les loisirs et pour le travail ; puis, nous ne nous amusons plus autant à l'extérieur, technologie oblige !

Mesdames, pour éviter les mauvaises interprétations quant à votre statut professionnel, tout vêtement à connotation sexuelle sera réservé à la vie privée : dentelles, talons aiguilles, vêtements transparents ou moulants, sous-vêtements visibles, etc.

La tenue vestimentaire la plus déplacée que j'ai vue jusqu'à présent était celle d'une réceptionniste qui portait un string rouge qui laissait entrevoir au moins plusieurs centimètres de dentelle. Je ne saurais trop vous dire si son pantalon était trop bas sur les hanches ou si son chandail était d'une taille trop petite! Pour l'homme qui m'accompagnait, ce string n'était sûrement pas si désagréable, mais je continue de croire qu'il aurait hésité avant de conclure un accord professionnel avec ce cabinet juridique.

Imaginez maintenant non pas le string rouge, mais bien le malaise si vous aviez un rendez-vous à l'hôpital et que le médecin vous recevait vêtu de ses shorts, de son t-shirt et de ses sandales, ou encore si une policière venait vous remettre votre contravention avec une démarche plutôt réservée à une soirée rencontre, vêtue d'un pantalon d'uniforme trop ajusté, de ses lunettes de soleil sur la tête! Vous douteriez évidemment de leur professionnalisme et remettriez en question leurs compétences. Une tenue inadéquate pourrait grandement nuire à votre image et à votre crédibilité, comme en fait état ce jugement rendu par un juge de la cour municipale de Québec qui a récemment acquitté un individu à qui on reprochait d'avoir injurié un policier parce qu'il avait commenté sa tenue vestimentaire en lui disant qu'il avait un «air de clown». Le patrouilleur portait alors un pantalon de camouflage afin de faire avancer les négociations en cours avec la ville. Voici le commentaire du juge : «La personne qui [...] s'écarte d'une norme pour produire un effet

[...] doit accepter de produire une réaction, même si celle-ci n'est pas celle espérée. Dans le présent cas [...], le tribunal ne peut considérer que le commentaire du défendeur constitue ni une injure ni une insulte. Il serait plus exact de dire qu'il s'agit de l'expression d'une opinion par un justiciable à l'égard de l'uniforme que portent les personnes qui représentent l'autorité et l'ordre. »

Même lorsque nous nous taisons, nous communiquons par l'intermédiaire de nos habits. Habillez-vous pour le poste que vous avez ou celui que vous désirez obtenir. Faites preuve de cohérence : votre discours doit aussi être appuyé par votre tenue vestimentaire, par votre posture et par votre attitude.

Avant de partir pour le travail, posez-vous la question suivante : Est-ce bien la tenue que je porterais pour solliciter un nouvel emploi ? Si votre réponse est non, vous avez peut-être relâché votre attention quant au choix de vos vêtements. Par ailleurs, en dehors du bureau, vous êtes toujours en représentation ; votre image ne prend pas congé, elle continue de parler en votre nom. C'est pourquoi vous devez continuer d'afficher vos valeurs et votre statut.

LE SAVIEZ-VOUS...

Une petite révolution

Certaines entreprises sont plus exigeantes que d'autres : pour la première fois de son histoire, Disney autorise maintenant les employées à travailler les jambes nues, c'est-à-dire qu'elles peuvent porter des jupes sans bas de nylon, de même que des hauts sans manches – à condition que les bretelles mesurent au moins 7,6 cm de large – et des capris. Les hommes, eux, peuvent s'abstenir de rentrer leur chemise dans leur pantalon. Une petite révolution pour l'entreprise qui n'accepte les moustaches que depuis 2000 et le fard à paupières que depuis le milieu des années 1990. (Tiré de : *L'actualité*, septembre 2010.)

Selon l'auteur Alfie Kohn, les gens séduisants ont une estime de soi plus élevée et ils sont également plus souriants. Ils ont donc aussi plus d'influence sur les amis et sur les collègues. Votre apparence influence votre façon d'interagir avec les autres et selon Luc Dupont, professeur au département des communications de l'Université d'Ottawa, «l'emballage est un vendeur silencieux, un élément non négligeable». Dans le même ordre d'idées, à l'émission *L'épicerie* présentée à Radio-Canada, M. Dupont faisait état d'une expérience menée auprès de consommateurs qui avaient à évaluer des soupes en conserve : «Chaque fois, les testeurs ont goûté le même produit mais emballé dans des contenants de différentes couleurs. Résultat : en fonction de la couleur des emballages et des contenants, les gens ont décelé des odeurs, des caractéristiques et des textures différentes. On mange d'abord avec les yeux, d'où l'importance de l'emballage.» Emballons-nous avec un vêtement approprié à notre travail !

TRUCS ÉCLAIR

Voici ce qu'il faut éviter de porter au travail.

- Vêtements de sport : pantalons de jogging, espadrilles, cotons ouatés, leggings, collants, jeans, t-shirts avec logos, shorts, casquettes.
- Vêtements négligés, froissés.
- Lunettes portées sur la tête (réservez les verres fumés pour l'extérieur).
- Jupes courtes et vêtements sexy (les sous-vêtements ne se montrent pas... vous êtes au bureau pour travailler et non pour séduire, enfin pas de cette façon !).
- Sandales (cachez vos orteils en milieu professionnel, et de grâce, évitez de porter des sandales avec des bas, blancs ou bruns, au bureau ou ailleurs !).
- Parfum (la modération est toujours appréciée).

La tenue vestimentaire pour une entrevue d'embauche

Selon les études menées par John T. Molloy, auteur du livre *New Women's Dress for Success*, voici quelques règles qui s'appliquent lors d'un entretien d'embauche.

1. Les candidats portant une tenue vestimentaire qui ne convient pas au poste convoité sont les premiers écartés.

2. Si vous êtes une femme et avez une entrevue avec une femme, vous augmentez vos chances si votre image s'apparente à celle de l'intervieweuse. Si vous êtes une femme et avez une entrevue avec un homme, vous augmentez vos possibilités de décrocher le poste si vous portez des couleurs «masculines», soit des couleurs de pouvoir, des teintes foncées.

3. La plupart des entreprises ont un code vestimentaire «reconnu» ou «souhaité», qu'il soit officiel ou non. Si votre style vestimentaire correspond à celui-ci, vous augmentez vos chances d'obtenir l'emploi. Fondez-vous dans le décor de l'entreprise.

4. Vous devez bien vous connaître afin de choisir une tenue qui vous «caractérise» et qui envoie les bons signaux. Si, par exemple, vous êtes quelqu'un d'exubérant, vos vêtements devraient être un peu plus conservateurs. Par contre, si vous être une personne timide et introvertie, optez pour des vêtements plus éclatants.

5. Si vous êtes travailleur autonome, optez pour un style qui ressemble à celui de vos clients.

Les accessoires de mode

«Le meilleur de l'un peut devenir le pire de l'autre», selon Luc Breton, analyste en comportement vestimentaire qui œuvre depuis plus de 40 années dans l'industrie de la mode. «Une tenue qui parle trop fort vole la vedette et détourne l'intérêt que l'on devrait porter à un individu. Malheureusement, la plupart du temps, cela se fait de façon inconsciente et le message est mal géré. Par exemple, les manches de veston roulées de la besogneuse, les épaulettes de la virilité, les boutons dorés rappelant ceux du pilote ou du navigateur, la couleur trop forte qui détourne du discours ou encore un accessoire qui prend trop de place dans le sens qu'il domine sur les autres lectures qu'on peut faire d'un individu. »

Le sac à main

Les couleurs à privilégier sont le brun, le beige, le noir, le bleu marine. Les couleurs pastel seront réservées aux loisirs plutôt qu'aux affaires. En été, le beige pâle et le caramel sont de meilleurs choix que le blanc (à moins que votre sac ne soit en parfait état).

Les ongles

Symbole de la discipline, de l'ordre et de la méthode, les ongles en disent souvent long sur la manière dont l'individu respecte ou non les règles du jeu. Depuis quelques années, les femmes ont renoué avec les faux ongles ; cependant, la longueur de ceux-ci ne doit pas laisser l'image de celle qui ne peut travailler efficacement, ou encore de celle qui passe un temps fou à prendre soin de sa manucure au travail !

Les cheveux

Le livre *You Know What They Say* nous apprend que si l'on ne tient pas compte de la beauté, les gens choisissent d'abord des hommes et des femmes aux cheveux brun foncé, qui sont perçus plus intelligents, sincères et crédibles. On ajoute même à la blague que si les blondes ont plus de «plaisir», c'est sans doute au détriment d'être prises au sérieux ! Encore aujourd'hui, «la blonde doit s'attendre à travailler plus fort pour être prise au sérieux», écrit aussi Marie-Sissi Labrèche sur le site Internet *Femmes Plus.* Pourquoi cette couleur est-elle reliée au sexe ? Dans son livre *Sois blonde et tais-toi !,* Brigitte McCaan rapporte que ce sont les dirigeants de Hollywood qui ont déclenché le phénomène il y a environ 50 ans, avec Marilyn Monroe. Cette blonde fragile, sensuelle, sexuelle et naïve rejaillit depuis sur des générations de filles aux cheveux pâles. D'ailleurs, les vocables «blondes» et «brunettes» sont exclusivement réservés à la gent féminine.

La barbe et la moustache

Toutes les pilosités ont leur langage propre. La barbe apparaît et disparaît selon les modes des différentes époques et les coutumes d'un pays. Au Québec, dans les années 1970, bien des hommes portaient la barbe. À ce jour, celui qui la porte est souvent perçu, à tort ou à raison, comme ayant quelque chose à cacher. Les cheveux en bataille indiquent que la personne n'a pas grand souci de son apparence. Dans un contexte professionnel, le message pourra être interprété comme une forme d'impertinence à l'égard de ceux qui ont le souci d'eux-mêmes.

Le rouge à lèvres

La discrétion est de mise pour les rencontres professionnelles, mais le maquillage donne incontestablement aux femmes une image plus assurée selon les résultats d'une expérience menée en 2004 sur l'emploi du rouge à lèvres lors d'entrevues d'embauche. On nous apprend que les femmes qui portaient un rouge vif ont été perçues plus égocentriques ; celles portant un rouge pastel ont été considérées comme plus axées sur leur carrière ; et, enfin, les femmes sans couleur sur les lèvres ont donné l'impression de manquer d'aptitudes personnelles. (Tiré de : *The Definitive Book of Body Language.*)

> *Toutes les images sont des mensonges,*
> *l'absence d'image est aussi mensonge.*
>
> Bouddha

Le langage des couleurs

Si vous avez des problèmes avec votre autorité, si vous désirez affirmer votre leadership ou inspirer le respect chez vos collègues ou employés, vous auriez avantage à porter des couleurs foncées qui vous donneront une longueur d'avance en matière de crédibilité. Toutefois, vous devriez éviter les couleurs trop voyantes, car elles attirent l'attention. C'est assurément une forme de pouvoir, mais peut-être pas celui que vous recherchez. Cependant, si vous êtes perçu comme quelqu'un d'intimidant, les vêtements de couleurs foncées pourraient accentuer votre problème, alors que les couleurs pâles adouciront votre personnalité.

La psychanalyste Marie-Louise Pierson ajoute à ce propos que les couleurs terre rassurent et calment vos interlocuteurs, que le noir est toujours la couleur de l'élégance absolue pour les hommes comme pour les femmes ; il faut toutefois l'accompagner de blanc, d'une coiffure irréprochable et d'accessoires raffinés pour qu'il ne semble pas «pauvre».

Pour ce qui est des couleurs de base d'une garde-robe féminine et masculine, elle recommande : le bleu marine, le noir, le gris, le beige. Le blanc demeure une couleur d'été magnifique. Enfin, elle nous conseille de manier les imprimés avec précaution et sagesse. «En dehors de votre bureau, votre image prend soin de vos affaires... et de celles de l'entreprise», rappelle l'auteure de *Valorisez votre image*.

Quelques notions pour les invitations

La *tenue de ville* est idéale pour les activités qui se déroulent tôt en soirée ; elle fait référence à la tenue que vous portez au bureau. Si la carte d'invitation ne fait aucune mention de la tenue souhaitée, allez-y avec cette option.

Pour la *tenue de soirée*, les hommes opteront pour un complet classique de couleur foncée assorti d'une cravate. Si l'invitation mentionne *black tie*, cela veut dire qu'il est souhaité que vous portiez un smoking. Les dames opteront pour une robe du soir courte ou longue, mais assez chic.

Si l'invitation indique une tenue décontractée, c'est le moment de laisser tomber la cravate, messieurs. Une chemise à manches courtes ou longues, ou encore un polo harmonisé à un pantalon sport, à un bermuda ou à un jeans conviendra. Les femmes seront très élégantes avec des vêtements simples et pratiques ; par exemple, une jupe, un pantalon, un bermuda, un chemisier, un t-shirt avec ou sans manches. Évitez les camisoles.

LE SAVIEZ-VOUS...

La mode masculine

Sous le règne de Louis XIV, la mode masculine changeait souvent, plus fréquemment que la mode féminine. On portait des rubans, jusqu'à 300 aulnes, et aussi des bijoux. Le roi dansait fardé de rouge et de rose. Les hommes portaient également de fausses hanches, de faux mollets avec les bas, des attelles pour rectifier les épaules tombantes, ainsi que des chaussures à talons hauts pour éviter de se salir en marchant dans les rues boueuses.

Les critères qui définissent les règles de la tenue vestimentaire varient dans le monde. Chez nous, en Amérique du Nord, un décolleté sur une robe de soirée est une marque d'élégance, mais nous critiquerons les strings visibles à la taille des pantalons. En Afrique, une femme peut montrer sa poitrine, alors que les Chinoises doivent cacher leur buste et leurs pieds, mais portent des tuniques qui laissent voir les cuisses. Avant de faire un voyage professionnel, visitez le site Internet www.executive planet.com, où vous trouverez une multitude d'informations qui vous éviteront de commettre l'irréparable.

MA PLUS-VALUE

Les signaux véhiculés par une mallette influencent la perception du statut de son propriétaire. Si elle déborde de documents, que le désordre semble être votre système de classement, le message envoyé est celui de quelqu'un qui ne sait pas s'organiser, celui d'un professionnel brouillon incapable de mettre de l'ordre dans ses affaires. Alors qu'une petite valise plutôt mince enverra le message d'une personnalité structurée qui sait se concentrer sur l'essentiel. Une femme doit éviter de porter à la fois un sac à main et un porte-documents. Les chaussures sont les accessoires les plus regardés, ils ajouteront une plus-value à votre allure.

CAPSULE HISTORIQUE

L'ancêtre de la carte professionnelle était la carte de visite. Ses origines remontent vers les années 1830. « L'idée était de consacrer un jour de visite par semaine aux connaissances que nous n'aimions pas assez pour leur donner la liberté de venir quànd elles le veulent, mais qu'il nous semble assez flatteur de nous parer de leur présence de temps en temps.» La réglementation des visites est implantée au XIXe siècle. Chacun avait son jour de réception, et c'est ce jour-là et aux horaires publiés qu'il fallait aller le voir. La règle veut à cette époque que l'on rende toutes les visites qui vous ont été faites dans les huit jours qui suivent, ce qui, vous l'imaginez, entraînait un agenda assez chargé. Celui qui, plutôt que de rendre une visite, envoie une carte manifestait ainsi sa volonté de cesser tout rapport.

- *Visites de cérémonie :* Celles que se devaient entre eux les officiers d'un même régiment, les magistrats, fonctionnaires, etc.

- *Visites de digestion :* Elles avaient lieu à titre de remerciement, dans les huit jours qui suivaient une invitation à dîner.

- *Visites de noces :* Elles étaient faites par les jeunes mariés au retour de leur voyage de noces.

- *Visites de condoléances :* Elles étaient effectuées au plus tôt après le décès de la personne que l'on pleure.

(Tiré de : *Histoire de la politesse.*)

***

En une seule année, le citadin moyen d'aujourd'hui rencontre plus de gens que ses ancêtres du XIXe siècle ne le faisaient durant toute leur vie.

RÉALISER

AVEC BRIO DE NOUVEAUX CONTACTS

*Ce n'est pas parce que c'est difficile
que nous n'osons pas ;
c'est parce que nous n'osons
pas que c'est difficile !*

Sénèque

Stéphanie me racontait dernièrement à quel point elle était heureuse d'avoir réussi à obtenir le contrat qu'elle attendait depuis plusieurs mois auprès d'un cabinet de droit. Quelques jours plus tard, sa nouvelle équipe se rendait à un cocktail et a cru bon qu'elle participe à l'événement, question de rencontrer ses nouveaux collègues et quelques clients. C'est alors qu'elle a remis en question sa capacité à être à la hauteur de cette soirée. Pourtant, ses compétences professionnelles avaient déjà été reconnues par ses employeurs ! «Que vais-je dire pour me rendre intéressante et prendre ma place dans ce groupe ? » me demanda-t-elle. «Tu n'as qu'à suivre le rythme tout simplement et te souvenir que tu as déjà ta place à cette soirée puisque tu y es invitée. Si tu as la tenue vestimentaire adéquate, une bonne posture, une attitude positive, un regard franc, un sourire et une poignée de *main ferme, la partie est presque gagnée, et ce, sans même avoir ouvert la bouche !» ai-je répondu.*

Faites-vous partie de ceux qui, comme Stéphanie, se sentent mal à l'aise lors de cocktails, de réunions, de congrès ?

- Passerez-vous la majeure partie de votre temps à vous demander à quel moment vous pourrez partir sans être remarqué ?

- Êtes-vous à l'écoute de votre petite voix, celle qui vous fait regretter d'avoir accepté de prendre part à l'activité ?

Si vous avez répondu oui à ces questions, vous faites partie de ces gens qui craignent d'aller rencontrer des étrangers. Selon une étude de l'université de Stanford en Californie, la plupart d'entre nous entretiennent la crainte d'être rejetés. Au Canada, la timidité affecte près de la moitié de la population, soit 40 %. À votre prochaine activité, pensez-y, vous n'êtes pas seul à avoir des doutes sur vos compétences sociales.

Mais de quoi avons-nous si peur ?

Un numéro du magazine *Psychologie* (2004) apportait de nouvelles informations. Voici les trois principaux éléments que nous appréhendons lors de nos conversations avec des inconnus.

1. Nous avons peur de ne pas avoir suffisamment de connaissances, de culture, d'éducation.

2. Nous doutons d'être en mesure de nous exprimer correctement, nous avons peur d'oser.

3. Nous remettons en cause nos capacités intellectuelles, nous redoutons l'opinion des autres.

Pourtant, pour trouver notre place dans un groupe, il suffit bien souvent et simplement de croire que nous sommes à notre place, tout est une question d'attitude. Lorsque notre *langage des manières* est bien adapté à nos interlocuteurs, nous avons plus de chances de réussir notre conversation.

Nathalie adore son travail, mais le côté social de son emploi lui cause de sérieux problèmes. Toutes ces soirées où elle doit se rendre en représentation sont pour elle un véritable calvaire! Les activités, comme les repas en compagnie de clients, les inaugurations d'entreprises, enfin toutes ces tâches connexes à son travail, lui empoisonnent la vie. Comme bien des gens, Nathalie préférerait demeurer chez elle. Son attitude négative est perceptible et les gens ne viennent pas vers elle; ainsi, ses efforts pour paraître agréable génèrent peu de résultats positifs.

Comme l'écrit Laurent Gounelle dans *L'homme qui voulait être heureux*: «Si vous êtes, au fond de vous, convaincu que tout le monde est sympathique, vous allez vous comporter de manière très ouverte avec les gens, vous allez sourire, vous montrer détendu. Et, bien sûr, cela va les conduire à s'ouvrir eux-mêmes, à se détendre en votre présence... Quand vous croyez une chose, elle vous amène à adopter certains comportements, lesquels vont avoir un effet sur le comportement des autres dans un sens qui va, là encore, renforcer ce que vous croyez.»

La règle est simple: comportez-vous comme quelqu'un qui fait partie de l'événement, quelqu'un qui en fait la réussite. Vous avez reçu une invitation, vous avez votre billet d'entrée, vous êtes donc, au même titre que les autres invités, à *votre* place, il n'en tient qu'à vous de la prendre.

Prendre sa place c'est bien, mais pas toute la place!

Nous voulons tellement bien faire les choses, éviter les moments de silence, paraître intelligents que nous négligeons l'essentiel. Nous cherchons à faire bonne figure alors qu'il est nettement préférable de nous montrer à l'écoute afin d'acquérir de nouvelles informations qui nous permettront plus tard de créer des liens et de découvrir des intérêts communs. Selon Christophe André, auteur du livre *Imparfaits, libres et heureux*: «Une présentation de soi modeste, ni trop positive ni trop négative, sera celle qui procurera les sentiments et les jugements les plus favorables et vous donnera le plus grand capital de sympathie et qui entraînera donc la plus grande acceptation sociale.» À la base de tout contact réussi, nous trouvons les éléments suivants.

La confiance
Vous devez dégager une certaine confiance en vous, car le succès de la rencontre est assuré par votre conduite, votre comportement, votre humeur, votre maintien, votre posture et votre attitude. Évitez de vous excuser ou de vous diminuer, avec des approches telles que «Excusez-moi de vous déranger...» ou «Puis-je poser une question idiote?». Ce genre d'entrée en matière suscite rarement les rapprochements. Ne laissez pas à vos interlocuteurs l'occasion de vous déprécier ou de banaliser vos propos par une introduction négative (verbale ou non verbale).

L'ouverture d'esprit
Soyez ouvert aux autres, observez, analysez les sentiments des gens qui vous entourent. Faire preuve de sympathie est l'élément numéro un à mettre de l'avant lors de nouvelles rencontres. La sympathie invite à l'échange, il s'agit de donner un minimum de soi: votre sourire, des paroles chaleureuses, un regard présent et intéressé envers ceux que vous apprenez à connaître. En fait, être sympathique, c'est tout simplement montrer son intérêt envers les autres.

La concentration
La meilleure façon de montrer qu'une personne vous intéresse est de l'écouter avec une profonde attention, une qualité si rare et pourtant remarquable. Montrez un intérêt véritable envers les autres de façon à leur laisser savoir que vous leur trouvez quelque chose de spécial. La réaction de défense des gens commence à s'affaiblir lorsqu'ils perçoivent ce message qui leur dit: «Vous m'intéressez.» Le sourire fait partie du langage muet, il doit faire partie de vos conversations, un air agréable vous montre sous votre meilleur jour. Selon Dale Carnegie, auteur du best-seller *Comment se faire des amis*, vous pouvez vous faire plus d'amis en deux mois par l'intérêt que vous portez aux autres qu'en deux ans en essayant de vous rendre intéressant à leurs yeux.

Les contacts humains représentent tout un défi
Les psychologues Léonard et Nathalie Zunin ont observé des centaines de gens lors de rencontres, de réceptions, de rendez-vous professionnels, de moments de loisirs, chez eux, afin de mieux comprendre leurs inter-

actions sociales. Selon les deux chercheurs qui ont publié leurs études dans le livre *Contact,* nous disposons d'environ quatre minutes pour créer une approche convaincante avant le point de rupture. Le temps d'une communication est relativement court et c'est après quelques échanges que nous décidons si nous allons quitter ou prolonger le contact.

Voilà pourquoi il est si important de mettre toutes les chances de votre côté afin de susciter l'intérêt de vos interlocuteurs et les inciter à vous écouter davantage dès les premiers instants.

Nos contacts, selon les chercheurs, se déroulent selon le schéma suivant, composé de trois phases.

1. *Le début:* Est-ce durant cette phase initiale que vous éprouvez le plus de difficultés à établir le contact ou à vous sentir à l'aise?

2. *La rencontre:* Une fois le mur initial franchi, vous sentez-vous bloqué à la pensée de devoir soutenir une conversation?

3. *La séparation:* Vous sentez-vous embarrassé quand arrive le moment de vous séparer de votre interlocuteur?

Heureusement, il est rare que nous éprouvions d'importantes difficultés au cours de toutes les phases. En général, le premier commentaire que les gens font lors d'exercices de formation sur les approches à prioriser est: «J'ai toujours peur de déranger, je n'arrive pas à joindre un groupe sans me sentir comme un intrus.»

Et si nous relativisions un peu les choses. Quelles sont les perspectives les plus désastreuses qui vous viennent en tête?

1. Que les gens soient désagréables, discourtois?

2. Qu'ils ne vous accordent pas l'attention méritée?

3. Que les individus poursuivent leur conversation sans aucune considération envers vous?

4. L'ensemble de ces réponses.

Vous avez bien raison de croire que certaines personnes puissent occasionnellement être malpolies, que d'autres n'aimeront pas être interrompues, mais elles demeurent une faible minorité. La plupart des gens veulent eux aussi élargir leur réseau de contacts et faire de nouvelles rencontres. Toutefois, si vous tentez une approche et que vous n'arrivez pas à prendre votre place, offrez vos salutations et allez tenter votre chance auprès de gens plus sympathiques qui seront ravis de faire votre connaissance. Lorsque c'est possible de le faire, une certaine préparation vous fournira quelques avantages, car avoir des informations supplémentaires avant de vous rendre à une activité vous rassurera. Une visite sur Internet est parfois bien utile afin de trouver quelques sujets de conversation qui susciteront l'intérêt des nouvelles personnes que vous serez susceptible de rencontrer à une soirée, à un déjeuner, à un colloque.

Le succès exige de l'audace

Pour acquérir de l'aisance lors de vos nouvelles rencontres, la solution la plus simple : commencer de courtes conversations avec les gens qui vous accueillent dans des endroits publics comme les restaurants, les supermarchés, les institutions financières... Rien ne remplace la pratique ! Exercez-vous à briser la glace et tentez de déceler des intérêts communs avec les gens que vous croisez en dehors de votre milieu professionnel. Ainsi, les petites erreurs que vous ferez au cours de votre apprentissage seront moins coûteuses et ménageront votre ego. Faites quelques efforts pour sortir de votre zone de confort habituelle, osez mettre de l'avant vos nouvelles façons de faire. Toute évolution relève du changement et, pour y arriver, il faut essayer, ce qui implique un risque : celui de se voir rejeté ou celui d'échouer. Deux possibilités s'offrent à vous : faire un pas vers les autres ou rester seul à vous sentir exclu.

Saviez-vous que le temps file plus vite lorsque l'on fait quelque chose que l'on apprécie ? D'après les conclusions d'une étude menée en 1933 à Harvard, le temps paraît effectivement plus court lorsque nous sommes actifs et intéressés. Le temps passe rapidement lorsque nous avons du plaisir, mais nous sommes persuadés que nous avons davantage de plaisir si nous croyons que le temps file. Le temps semble toujours plus long lorsque nous attendons que quelque chose arrive... Soyez actif lors de vos prochaines activités sociales et professionnelles, vous prendrez plus de plaisir et serez un invité apprécié. Comme le dit le dicton populaire : «Qui risque rien n'a rien.»

TRUCS ÉCLAIR

- À votre arrivée, saluez les organisateurs, ils pourront ensuite vous présenter à quelques personnes, ce qui vous évitera de rester seul.

- Imaginez que vous faites partie du groupe avant de le joindre, votre attitude fera le reste ! Cessez de vous centrer sur vous-même et accordez votre attention à ceux qui vous entourent.

- Présentez-vous. Allez vers les personnes seules, elles seront ravies de faire votre connaissance. Allez à la rencontre de groupes composés de trois personnes et plus, il vous sera plus facile d'établir un contact visuel et d'attirer l'attention d'au moins une d'entre elles.

- Si vous êtes invité gracieusement et que les consommations sont gratuites, soyez conscient que vous êtes sur place non pour manger ou boire, mais pour établir de nouvelles relations. Ne vous laissez pas guider par votre estomac : si vous avez dans la main droite une assiette de nourriture et dans la main gauche un verre, comment ferez-vous pour serrer la main et offrir votre carte professionnelle ? Concentrez-vous sur les rencontres possibles, n'est-ce pas votre objectif premier ? Pensez à prendre suffisamment de cartes professionnelles.

Si vous êtes plutôt timide, adoptez le rôle de la personne active, car l'inactivité et l'attente ne feront qu'alimenter votre malaise. Pourquoi ne pas devenir la personne qui aide les autres à socialiser, qui favorisera le rapprochement des individus et qui en profitera du même coup pour développer ses propres relations sociales? Vous apercevez des gens seuls? Intégrez-les dans vos conversations, c'est simple comme bonjour: «Michel, voici André, il vient tout juste de joindre les rangs de... André est un membre de cette association depuis ses premiers jours.» Soyez perçu comme un professionnel dans toutes vos activités.

Que faire si je joins un groupe qui discute justement d'un sujet que je ne connais pas vraiment?

Profitez de ce moment pour apprendre et pour écouter, vous ne pouvez pas tout connaître. Vous aurez l'occasion de prendre la parole plus tard et d'aborder des sujets qui vous concerneront davantage. Vous pouvez aussi démontrer votre intérêt en posant quelques questions, puis viendra bien un temps où vous pourrez détourner le sujet à votre avantage. Il est plutôt malhabile de tenter de diriger la conversation dès le début. À certains moments, admettre que nous ne savons pas tout, c'est laisser aux autres l'occasion de nous expliquer les choses qu'ils connaissent bien et de se mettre en valeur. Souvenez-vous que bavarder avec les gens, partager, communiquer, n'est pas un examen qui mettra vos connaissances à l'épreuve, mais bien une occasion d'échanger quelques idées.

Votre « cote sociale » se porte-t-elle bien?

Certaines rencontres nous rendent plus heureux que d'autres. Dans certains cas, nous ressentons du bien-être, du respect, de l'écoute, alors que parfois nous repartons avec le sentiment d'avoir été bêtes, inintéressants. Selon la théorie de l'échange social, nous recherchons des gens qui nous apportent quelques bénéfices. Plus vous mettrez les autres de bonne humeur et que vous leur manifesterez de l'intérêt, plus votre «cote sociale» sera élevée. Nous aimons tous passer du temps en compagnie de personnes qui nous font rire et oublier nos soucis. Lors de vos conversations, appliquez-vous à privilégier les sujets positifs.

Vous arrive-t-il de songer à l'impression que vous laissez après votre départ? Avez-vous fait un bon ou mauvais effet? À la suite de votre passage, les gens qui vous ont rencontré ressentent-ils de la colère ou de la joie? Se sentent-ils dévalorisés ou davantage fiers d'eux? Si vos interlocuteurs perçoivent votre intérêt, s'ils se sentent heureux, accueillis et compris lorsqu'ils parlent avec vous, ils vous renverront ces sentiments positifs. Plus vous serez attentif aux autres, plus ils seront à l'aise et vous leur laisserez ainsi le message que vous êtes quelqu'un de généreux.

Voici quelques éléments de réflexion qui pourront vous aider à améliorer vos communications.

- Pensez à quelqu'un avec qui vous vous sentez bien.
- Pourquoi aimez-vous être en compagnie de cette personne?
- Quels sont les avantages que vous retirez à son contact?
- Comment vous sentez-vous en sa présence?
- Que vous offre cette personne: l'appréciation, l'encouragement, l'enrichissement?

Lors d'une prochaine rencontre, demandez-vous comment réagirait cette personne, ce qu'elle dirait ou ferait dans votre situation et reproduisez sa façon de faire, du moins quelques trucs de communication qui vous plaisent.

Avant de répondre affirmativement à une invitation

Nous recevons plusieurs convocations pour assister à différentes activités de promotion. Toutefois, avant d'accepter, nous devons nous assurer que l'événement sera rentable pour nous et notre entreprise. Lorsque nous acceptons d'être présents, gardons en tête que notre objectif est d'élargir notre cercle de nouveaux contacts ou encore solidifier une relation existante. Une des raisons pour lesquelles plusieurs personnes n'apprécient pas les événements sociaux, c'est qu'ils n'ont pas d'objectif précis en tête et ne savent pas vraiment pourquoi ils sont là.

Avant d'annoncer votre participation, prenez toutes les informations nécessaires auprès des organisateurs :

- Qui sera présent à l'activité ?

- Préparez quelques sujets de discussions avec les gens que vous désirez rencontrer.

- Quel sera le déroulement de la rencontre, la durée, l'horaire prévu ?

- Les places seront-elles attribuées à l'avance ?

- À quel endroit se tiendra le rendez-vous ? Prenez toutes les informations : les indications routières, le nom de la salle, le stationnement.

- Quelle est la tenue vestimentaire suggérée pour l'activité ? Il est difficile de prendre notre place lorsque nous n'avons pas choisi le bon vêtement.

Lorsque vous acceptez une invitation, une rencontre, vous devez y être présent. Si vous devez absolument annuler votre participation, faites-le vous-même, il n'est pas nécessaire de donner vos raisons. Tentez plutôt de démontrer votre intérêt en fixant, si possible, un autre rendez-vous.

Avant de partir : tendez la main et votre carte professionnelle

Votre carte professionnelle fait partie intégrante de votre image ; son apparence doit être impeccable. Des informations erronées sur votre carte trahissent un manque de rigueur, un certain laisser-aller et un professionnalisme douteux. Si votre carte n'est pas à jour, remettez-la ainsi et suggérez à votre interlocuteur de noter à l'endos vos nouvelles coordonnées : il est vraiment déconseillé d'écrire sur votre propre carte. Une carte froissée annonce une certaine négligence...

Pour faire ressortir l'importance de vos cartes professionnelles, procédez à l'échange seulement à la *fin* d'une rencontre. Ainsi, ceux à qui vous offrirez votre carte comprendront qu'ils sont privilégiés de la recevoir, que vous l'offrez à ceux avec qui vous désirez vraiment garder le contact.

Votre carte constitue un élément de marketing qui peut également transmettre les mauvais indices. Je pense à ce concessionnaire automobile qui avait laissé à la réception des cartes avec le nom d'un représentant qui n'était plus à l'emploi de cette entreprise. « Faut bien les passer », m'avait répondu la dame du service à la clientèle. Et que dire de cet hôtel où la réceptionniste nous a remis une carte professionnelle afin que l'on puisse recevoir un message texte à l'adresse de messagerie de l'établissement. Après plusieurs tentatives sans succès, elle nous a répondu que l'adresse Internet inscrite sur la carte était erronée : « J'ai oublié de vous dire que c'est une erreur d'imprimerie, reprit-elle, et comme nous en avons une grande quantité, nous devons les remettre jusqu'à ce qu'il n'en reste plus. »

Vos cartes sont une partie intégrante de votre image et de celle de l'entreprise. Si le concessionnaire ou l'hôtel n'ont pas le budget suffisant pour imprimer de nouvelles cartes, c'est sûrement que les affaires vont plutôt mal, c'est du moins la perception qu'auront les clients ; il s'agit de détails, j'en conviens encore une fois, mais d'une importance capitale. Donnez du prestige à vos cartes et, surtout, veillez à ce que les informations soient justes afin que les gens puissent vous joindre. N'est-ce pas cela le but de l'échange ?

Vous avez sûrement déjà assisté à un déjeuner qui réunit des professionnels de tous les milieux qui veulent être vus. Vous avez sans doute remarqué que lorsqu'un des invités remet sa carte sans même avoir pris le temps de dire bonjour, ses cartes demeurent sur la table, sans grande valeur. Il est préférable de ne pas jouer à ce jeu !

Bien entendu, dans certains pays et lors de rencontres professionnelles, vous devez suivre le rythme : si les gens qui vous entourent échangent leur carte dès le début de la rencontre, faites de même. Pour une visite à l'étranger, imprimez vos cartes d'un côté en anglais – la langue des affaires dans le monde entier – et de l'autre dans la langue du pays visité. Cela permettra de connaître rapidement votre rang, votre poste et vos titres. Renseignez-vous sur la façon de donner et de recevoir les cartes. Au Japon et en Chine, un soin particulier est accordé à la manière de présenter la carte, c'est-à-dire que les deux mains doivent la tenir, alors qu'au Moyen-Orient la main gauche ne doit pas être utilisée, étant considérée comme malpropre.

Même si cette façon de faire est mise de l'avant par certains, remettre deux ou trois cartes professionnelles à la fois à une seule personne ne fait pas partie du protocole. C'est comme si vous vouliez que les gens travaillent pour vous et créent des contacts à votre place. Honnêtement, que faites-vous avec la seconde carte reçue?

Pour plus de délicatesse, lorsque quelqu'un vous remet sa carte, prenez le temps de la regarder, car elle représente la personne qui vient de vous l'offrir, et remettez ensuite la vôtre. Présentez votre carte à la réceptionniste chaque fois que vous visitez un client; vous serez ainsi assuré d'être annoncé correctement.

 LE SAVIEZ-VOUS...

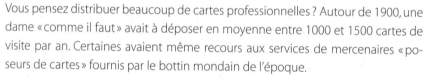

Vous pensez distribuer beaucoup de cartes professionnelles? Autour de 1900, une dame «comme il faut» avait à déposer en moyenne entre 1000 et 1500 cartes de visite par an. Certaines avaient même recours aux services de mercenaires «poseurs de cartes» fournis par le bottin mondain de l'époque.

MA PLUS-VALUE

Soyez poli et courtois avec tous ceux que vous rencontrez et sachez vous retirer avec distinction. Nous commençons une rencontre par une poignée de main et la terminons de la même manière.

- Observez les autres et leur façon d'entrer en contact. Remarquez ceux qui ont de bonnes méthodes et inspirez-vous-en.

- Analysez vos propres approches et vos comportements pour ensuite vous féliciter de vos bonnes actions.

- Soyez actif, faites des expériences, le progrès n'arrive pas seul, prenez des risques et le temps passera plus agréablement.

- Rappelez-vous que le courage est la première des qualités humaines parce que, comme le disait Winston Churchill, c'est la qualité dont dépendent toutes les autres.

CAPSULE HISTORIQUE

Si les conférences se donnaient déjà dans l'Antiquité, que ce soit dans les théâtres ou autres endroits appropriés, les conversations restent un moyen plus intime, plus direct de partage et d'immersion. Le repas ou le banquet sont d'autres moments privilégiés pour la conversation. Les banquets de l'aristocratie athénienne se font couchés sur des lits. On commence par manger. Ensuite, on apporte le cratère : un grand vase dans lequel on coupe le vin avec de l'eau. Puis, on distribue le mélange dans des coupes. La conversation peut alors commencer. Les Romains, férus d'hellénisme, ne donnent aucun grand banquet sans y ajouter l'art de la discussion. Les convives ou les maîtres de maison ayant accumulé de grandes richesses mais peu de rhétorique placent près d'eux des esprits raffinés ou en louent pour leur servir de faire-valoir ou de réservoirs à citations. (Tiré de : *La mesure de l'excellence*, de Richard Le Menn.)

RÉFLÉCHIR

AVANT DE CONVERSER

Il faut se garder de trois fautes :
parler sans y être invité,
ce qui est de l'impertinence ;
ne pas parler quand on y est invité,
ce qui est de la dissimulation ;
parler sans observer
les réactions de l'autre,
ce qui est de l'aveuglement.

Confucius

Je me souviendrai longtemps de ma rencontre avec cette femme qui m'a donné une leçon de savoir-être extraordinaire qui me sert depuis chaque fois que les choses ne se déroulent pas selon mes plans. Nous étions plus d'une centaine de personnes à l'espérer, car elle devait faire la présentation de ma conférence, étant l'une des organisatrices de l'activité. À son arrivée, avec plus de 30 minutes de retard, elle s'est présentée tout sourire, affichant une énergie contagieuse. Elle a expliqué en quelques mots que le pansement autour de son bras était attribuable au fait qu'un conducteur venait d'emboutir l'arrière de sa voiture neuve ! Sans plus de détails sur ce malheureux accident, elle est allée saluer ses invités pour s'assurer qu'ils avaient *été bien reçus. Cette femme aurait pu arborer un visage défait, laisser trans-paraître sa colère, ses peurs, bref, laisser les émotions prendre toute la place et oublier ainsi les attentes de ses invités. Je l'ai félicitée de cette attitude si professionnelle : «Le plus important, pour moi, c'est le succès de cette acti-vité. Je verrai aux dommages causés à ma voiture ultérieurement car, de toute façon, je ne peux rien changer à cette mésaventure, mais je peux en-core réussir cette soirée», m'a-t-elle répondu. Ce qui s'avéra.*

Cela demande un effort, mais il n'en demeure pas moins essentiel de laisser nos états d'âme à la porte d'une soirée, d'un cocktail, d'une réunion, particulièrement s'ils sont négatifs.

Vous avez peut-être à l'esprit des rencontres où vous avez, en quelques secondes, décelé l'énergie de quelqu'un avant même de lui serrer la main? Il suffit parfois de regarder quelqu'un marcher pour espérer le contact avec cette personne ou, au contraire, l'appréhender. C'est une question d'attitude pour l'un et de ressenti pour l'autre. Re-prenons l'histoire de cette professionnelle et imaginons qu'elle se soit présentée à l'événement avec une mine complètement défaite, la larme à l'œil et racontant toute la soirée ce malheureux incident ne laissant place à aucune autre conversation. Après un certain temps, les invités auraient sans doute cherché à lui fausser compagnie et, pour plusieurs, ce premier contact aurait laissé un mauvais souvenir. Les gens aiment côtoyer ceux qui font preuve de confiance et d'assurance, même dans les moments difficiles. Évitons les lamentations et partageons plutôt nos passions et nos champs d'intérêt.

Vous et moi parlons sans cesse de tout et de rien, mais lorsque vient le temps de faire la connaissance de nouvelles personnes, nous avons l'impression que les sujets tels que la météo et la circulation sont sans grand intérêt, alors que l'indice de la Bourse ou la baisse des taux hypo-thécaires nous apparaissent trop sérieux. Aurions-nous cette regrettable tendance à déprécier la valeur de nos propos et, du coup, à nous sous-estimer?

Vais-je paraître stupide si j'amorce la conversation avec un inconnu en lui parlant de choses banales?

Bien sûr que non, cependant c'est une crainte généralisée. Pourtant, presque toutes les conversations entre étrangers débutent avec des sujets sans grand intérêt, c'est inévitable, car les premiers moments servent à établir en toute simplicité quelques points communs. Dans son ouvrage *Approcher les autres, est-ce si difficile ?*, Isabelle Nazare-Aga donne justement l'exemple d'un interlocuteur qui tente de captiver l'attention et de prouver sa culture générale lors d'un premier contact :

« Bonjour !

— Bonjour ! répondriez-vous.

— Le taux de chômage augmente et c'est inquiétant quand on pense que la mondialisation nous incite à faire appel à des ressources extérieures pour rester dans la compétitivité économique.

— ??? »

Ici, quelle serait votre réponse ? Vous chercheriez peut-être à prendre la fuite... Parfois, à vouloir produire un effet trop parfait, nous créons l'effet contraire. Soyons simples et gardons le sourire. « Ne parais jamais plus sage ni plus instruit que ton interlocuteur », disait le journaliste Franklin Pierce Adams.

À cette étape, vous pouvez, sans gêne, faire appel aux brèves conversations qui sont des propos classés dans la catégorie banale, mais qui sont très efficaces lors des premiers contacts. Ces échanges sur la nouvelle qui fait l'actualité du jour, sur la tempête de la veille ou encore sur l'événement qui a suscité un bouchon de circulation monstre vous aideront à créer des liens avec les gens que vous croisez. Un ancien patron à la radio croyait fortement que ces sujets qui touchent tout le monde, le *talk of the town*, disait-il, permettent de se brancher sur la réalité des gens et de faire rapidement partie du groupe.

Après cette phase d'introduction, la conversation prendra fin si aucun élément complémentaire ne vient soutenir le dialogue, ou il deviendra plus authentique. Nous craignons tous le jugement des autres et nous voulons paraître très intelligents dès les premiers mots. Pourtant, il suffit non pas de parler, mais d'afficher une humeur positive, d'être ouvert à l'échange et à l'écoute.

Visualisons ensemble, comme le propose Laurent Gounelle dans *L'homme qui voulait être heureux*, le scénario suivant : « Imaginez que les gens s'ennuient en votre compagnie. Gardez cela à l'esprit. Maintenant, imaginez que vous déjeunez avec des collègues ou des amis. Vous allez maintenant faire un effort et leur raconter une anecdote qui vous est arrivée pendant vos vacances. Quel est le résultat ? On ne vous écoute pas vraiment, pas surprenant ! C'est normal : étant convaincu de ne pas être intéressant, vous allez vous exprimer d'une manière qui rendra votre discours peu captivant. Puisque vous avez inconsciemment peur d'ennuyer vos collègues, vous allez peut-être parler vite, bâcler votre intervention, pour ne pas leur prendre trop de temps et ne pas les lasser. Du coup, vous n'avez aucun impact et votre anecdote perd de son intérêt... Quand on est convaincu d'une chose, elle devient réalité, notre réalité. Imaginez maintenant que vous soyez convaincu de l'inverse : vous êtes alors certain d'intéresser les gens... »

 ## LE SAVIEZ-VOUS...

Comment s'y prendre pour plaire dans la conversation ?

Si on voulait, on chercherait beaucoup moins à briller qu'à plaire. Et, pour cela, rien ne vaut autant que de savoir écouter les autres avec intérêt, ce qui n'implique pas qu'on doive dédaigner de causer d'une façon intéressante quand vient le tour de parler. Il est nécessaire d'être doué de patience et d'être dénué d'égoïsme pour agir de la sorte. Toutefois, la sympathie va aux personnes généreuses. On peut donc choisir entre être aimé ou admiré. Faites parler, c'est infiniment plus commode et très sûr : vous êtes certain qu'on ne s'ennuiera pas auprès de vous. (Tiré de : *Mille questions d'étiquette*, Montréal, 1907.)

Vous êtes en panne de sujets de conversation ?

Évitez de débuter avec des sujets négatifs tels que :

- Quelle chaleur ! C'est insupportable !

- Le service est absolument nul ici, il n'y a rien à boire.

- J'ai mis plus d'une heure à dénicher une place de stationnement, c'est infernal, ce trafic.

Optez pour des sujets qui se déroulent au moment présent et qui font partie de la réalité du groupe, ou encore de ceux que vous rencontrez, des faits positifs bien sûr.

- Vous avez entendu ces musiciens ? Ils jouent de façon remarquable !

- Avez-vous goûté ces hors-d'œuvre ?

- Est-ce votre première visite chez Daniel ?

Posez quelques questions

Recherchez des points d'intérêt qui vous sont familiers, des amis communs. Cette catégorie comprend toutes les questions préliminaires sur le nom, le domaine professionnel ; évitez cependant de mener une enquête trop personnelle pour ne pas paraître indiscret.

Relatez les actualités du jour

Allez-y avec des faits généraux au lieu d'émettre vos opinions trop rapidement, car vous pourriez froisser certaines personnes. Tentez de découvrir ce que vous avez en commun avec ceux que vous rencontrez ; il s'agit d'un atout considérable car certaines études démontrent que nous sommes plus attirés vers les personnes qui ont des idées similaires aux nôtres.

Utilisez les compliments

La plupart des gens réagissent positivement aux témoignages de reconnaissance parce qu'il est difficile de résister au plaisir d'être aimé. Adresser un compliment sincère et positif, c'est en quelque sorte dire à quelqu'un que vous l'aimez bien ou qu'il a quelque chose de spécial. Faites confiance à votre jugement pour faire bon usage des compliments, car certaines flatteries susciteront le doute sur vos intentions. La façon avec laquelle vous lancerez votre compliment fera la différence ; il doit s'inscrire dans le cours de la conversation, non l'interrompre. Féliciter votre interlocuteur sur ses réalisations et sur ses talents personnels s'avère une gentillesse des plus sûres.

Parlez de vos passe-temps

Vos loisirs sont d'excellents sujets de conversation, ils reflètent votre personnalité et vos goûts, et les révéler incitera les autres à s'ouvrir plus spontanément. Ce genre de sujet suscite une réponse de la part des étrangers qui auront parfois les mêmes intérêts que vous, ou bien ils seront intrigués par vos activités et vous capterez ainsi leur attention.

Utilisez les silences pour compenser !

Savoir écouter est un élément tout aussi important que le discours. Lors des premiers contacts, respectez l'opinion des autres même si elle diffère de la vôtre, exprimez votre désaccord sans jugement de valeur, sans déprécier leurs points de vue. Les gens détestent entendre dire qu'ils ont tort ou qu'ils se sont trompés. L'idée n'est pas de négliger d'exprimer vos opinions, même si le fait de retenir certains commentaires vous vaudra sans doute la réputation d'être un excellent communicateur. Il ne s'agit pas de dissimuler votre personnalité et de jouer à être quelqu'un d'autre, mais de choisir de discuter de sujets moins «chauds» et de débattre de choses plus sérieuses lorsque votre relation aura évolué.

Réservez vos conseils

Comment réagissez-vous devant quelqu'un que vous connaissez à peine et qui vous fait ses recommandations, sans que vous ayez sollicité son opinion? Souvenez-vous que les gens apprécient rarement un conseil qu'ils n'ont pas expressément désiré. Réservez vos bons conseils pour ceux qui les demandent ou pour vos clients qui paient pour les entendre.

Garder le silence oui, mais pas trop !

Écouter est une qualité appréciée mais, à un certain moment, vous devrez prendre part à la conversation, la relancer, sinon vous serez perçu comme une personne passive, mal à l'aise, ennuyante et renfermée.

Interrompre

Vous arrive-t-il de vous adresser à un interlocuteur qui semble impatient que vous finissiez votre phrase pour qu'il puisse enfin prendre la parole? Son attitude vous indique que votre temps est compté et que vous devez accélérer votre débit. C'est comme si les gens avaient plus d'intérêt à vous raconter leurs anecdotes et leurs histoires qu'à écouter les vôtres. Désagréable, non ! Aucune de nos pensées n'est si importante ou urgente, elles pourront bien attendre quelques secondes, le temps de laisser notre interlocuteur terminer sa phrase. Évitons de couper la parole et d'interrompre ceux qui expriment une idée, vraisemblablement toute aussi importante que la nôtre.

Je, me, moi

- « Moi aussi, j'ai... »
- « Exactement comme moi... »
- « Je sais, j'ai déjà... »

Ces manœuvres font dévier la conversation sans cesse vers le « je » et vous admettrez qu'il est ennuyant de parler avec quelqu'un qui ne parle que de lui.

L'humour

Les blagues comportent toujours certains risques avec des inconnus. Certains apprécieront votre humour alors que d'autres en seront offusqués. Parcimonie et gros bon sens avant de vous lancer !

La famille

Les enfants sont un sujet emballant pour vous, vos amis, votre famille. Cependant, dans un contexte professionnel, résumez la question en moins de cinq minutes ; même si vos enfants sont exceptionnels, leurs prouesses peuvent être réservées pour une autre occasion !

Selon le journaliste et auteur René Vézina, « pour une communication réussie, il faut d'abord évaluer l'environnement dans lequel on se trouve : qui sont les gens à qui l'on s'adresse et dans quel but. La conversation est une relation d'affaires qui doit être mutuellement profitable, c'est-à-dire tant pour celui qui demande à entrer en relation que pour celui qui choisit de vous accorder son attention. On ne peut s'imposer dans une conversation, nous devons d'abord être à l'écoute et évaluer la réalité du moment : percevoir les signes, l'attitude, le non-verbal de ceux et celles avec qui l'on veut établir une communication. Ensuite, nous devons ajuster nos propos à leurs mœurs et à leur réalité. Vous devez comprendre et ajuster votre propos afin de répondre aux attentes de vos auditeurs et rencontrer vos ambitions».

Les recommandations

- La médisance envers un compétiteur, un collègue, un patron sème la confusion. Si le sujet de conversation vous indispose (par exemple, si on potine) et que vous ne vouliez pas vous impliquer, tentez de faire dévier la discussion, expliquez votre malaise ou engagez la conversation avec une autre personne.

- Il est inutile de vouloir monopoliser la conversation dès les premiers instants, faites preuve de générosité sociale : *écoutez vraiment*.

- Si votre champ d'expertise ne vous permet pas de prendre part à la conversation, expliquez que vous aimeriez en apprendre davantage sur cette matière. Posez vos questions. On ne peut pas tout connaître et c'est enrichissant de découvrir de nouveaux horizons. La curiosité est aussi un signe d'intelligence et votre intérêt laissera ainsi l'occasion aux gens de vous parler de ce qui les passionne.

- Partagez le temps de parole, évitez de parler pendant plus de quatre minutes. Lorsque vous parlez seul, les gens ne peuvent s'exprimer et seront vite lassés de vos propos. Lorsque vous discutez, veillez à ce que tous puissent prendre part à la conversation et partager leurs connaissances.

- Prenez la parole à votre tour pour éviter d'interrompe les gens qui s'expriment. Ajustez-vous au rythme de la conversation, respectez la dynamique. N'essayez pas d'imposer votre style aux autres. Terminer la phrase de quelqu'un pour lui venir en aide ne sera pas nécessairement perçu positivement, mais plutôt comme un geste d'impatience : vous donnerez l'impression de vouloir en finir avec le sujet ou avec la personne qui parle.

- Lors d'une conversation, il est primordial de regarder les gens avec qui vous discutez. Rien n'est plus désagréable que quelqu'un qui accorde seulement la moitié de son attention parce qu'il promène son regard ailleurs à la recherche de quelqu'un qu'on imagine plus intéressant...

- Faites la lecture des journaux, des magazines. Informez-vous, il sera plus facile de relancer les conversations, sans froisser les gens ou provoquer un conflit.

Un petit effort

Mélodie Nelson, auteure du livre *Escorte,* racontait récemment en entrevue qu'elle avait toujours eu des attentions particulières pour ses clients ; on s'en doutait, direz-vous ! Toutefois, le point intéressant de son témoignage se trouve plutôt à un autre niveau. Comme elle avait plusieurs clients quotidiennement, elle avait pour habitude, pour arriver à les reconnaître rapidement à chacun des rendez-vous, de noter précieusement des bribes de conversations et des informations qu'elle obtenait de ses visiteurs (par exemple, le nom de leurs enfants, leur date d'anniversaire, leurs loisirs, leur film favori, etc.). Ceux-ci avaient ainsi le sentiment d'être spéciaux et importants puisque celle qui les recevait avait mémorisé tant de détails les concernant. À chaque spécialité professionnelle, certaines règles de savoir-faire s'appliquent. Nous pouvons tous prendre l'habitude de noter quelques informations et faire un effort pour mémoriser le nom de nos clients qui, à leur tour, ressentiront qu'ils sont appréciés, écoutés et importants pour nous et notre entreprise.

> *Y a des choses qu'on peut faire /*
> *Et puis celles qu'on ne doit pas.*
> *Y a tout ce qu'on doit taire /*
> *Tout ce qui ne se dit pas.*
>
> Jean-Jacques Goldman

Les révélations

Il n'existe pas de règles sur le partage d'aspects personnels, seul votre jugement doit vous guider. Les plaintifs et les vantards offrent peu d'intérêt pour leur entourage ; nos problèmes sont sans intérêt pour quelqu'un qui nous connaît à peine et qui a toutes les raisons de s'en moquer.

Lors d'une soirée d'inauguration chez un client, j'ai été présentée à une professionnelle d'environ 50 ans qui m'a paru fort sympathique au premier abord, mais en moins de deux minutes, elle a raconté son récent retour de thérapie pour soigner ses blessures de jeunesse. Sans que j'aie le temps de prononcer un mot, elle m'a annoncé avoir été agressée à plusieurs reprises par des membres de sa famille dès l'âge de huit ans. Moment de silence, malaise et, enfin, point de rupture de la conversation. Je n'avais plus rien à ajouter à cette révélation trop soudaine. J'avais l'impression qu'un seul commentaire était risqué, un faux pas assuré.

Choisissez avec soin ce que vous révélez aux gens ; trop de détails influenceront peut-être négativement vos nouvelles connaissances.

TRUCS ÉCLAIR

- Évitez de parler de vos problèmes de santé.

- Gardez les détails de votre vie sentimentale et sexuelle pour vos amis.

- Si votre patron vous indispose, c'est votre secret.

- Vos états financiers ne concernent que votre comptable.

Parler pour parler

Depuis les premières lignes de ce livre, nous mettons en évidence la place prépondérante de l'image dans notre société, nous avons foi en ce que nous percevons, ces détails pèsent lourd dans la balance du juge-ment, et ce, dans tous les domaines.

De jeunes candidates en vedette à une émission de téléréalité devaient procéder en direct à l'élimination d'un candidat aspirant lui aussi à faire partie de l'aventure. Les garçons n'avaient eu que quelques minutes pour se faire valoir et espérer retenir la faveur des filles. Ce qui m'a surprise, c'est qu'un des valeureux séducteurs a été retiré du jeu dès le départ pour avoir utilisé le mot «écoutez» à plusieurs reprises pendant sa courte présentation. Cela a déplu aux demoiselles qui ont eu la sensation que ce jeune homme n'avait rien à dire d'intéressant parce qu'il était dépourvu de mots et donc sans intérêt.

Il est vrai que certains termes récurrents envahissent la conversation au point de la rendre sans saveur. Voici quelques-unes des expressions qui se prêtent à toutes les sauces et attirent l'attention des gens, mais pour les mauvaises raisons :

- C'est bien vrai.
- C'est la vie.
- C'est comme ça.
- Fantastique !
- Formidable !
- Super !
- Évidemment !
- Écoutez.
- OK.

Pensons aussi à tous les «Ti» de ce monde et aux surnoms parfois vraiment trop familiers qui risquent de vous faire perdre votre crédibilité :

- Ti-Bob, Ti-Marc, Ti-Coune.
- Petit monsieur, *body, big,* mon *chum,* mon pote, champion, mon homme.
- Ma petite madame, ma grande, ma belle.

Ces appellations *non contrôlées* ne devraient pas être utilisées dans un milieu professionnel.

LE SAVIEZ-VOUS...

Faites attention à ce que vous dites des autres

Ann Desmarais et Valérie White, qui ont écrit *C'est la première impression qui compte*, affirment que lorsque nous plaisantons à propos de notre pantouflard de frère et de sa manie de grignoter devant la télévision, il est possible que nos nouvelles connaissances nous quittent en pensant que c'est nous qui sommes paresseux ! Il semble que nous soyons tous en proie à ce genre de confusion mentale. Nous confondons spontanément et involontairement ce que disent les gens d'eux-mêmes et ce qu'ils disent des autres.

Chacun son espace vital

Nous avons tous rencontré de ces gens qui, en un instant, sont dans notre espace vital et nous envahissent afin de capter toute notre attention. Nous avons tous sensiblement la même réaction, c'est inévitable, nous tentons de nous retirer, et cette personne se replace toujours plus près. Nous reculons à nouveau, et vous connaissez la suite de ce tango... La musique s'arrête et vous cherchez un autre partenaire, quittant ainsi quelqu'un qui n'aura probablement pas compris votre désir tout simple : retrouver votre espace, votre bulle. Chez les humains comme chez les animaux, il existe une distance dite de « sécurité » ou de « fuite ». La distance personnelle, ou le mode proche (de 45 cm à 75 cm), permet des discussions plus personnelles, plus rapprochées mais sans contact. En écartant les bras, nous avons une idée de ce que représente notre « bulle de sécurité », dit l'auteur O. M. Watson.

Pour sa part, le philosophe Arthur Schopenhauer compare les humains aux porcs-épics dans leurs relations sociales : « L'hiver, les rongeurs sont déchirés dans leur terrier : ou bien ils se serrent les uns contre les autres pour se réchauffer, mais ils se piquent et se meurtrissent, ou bien ils s'éloignent et souffrent du froid. Ils cherchent alors une distance juste entre la solitude glacée et la proximité mordante afin de rendre leur situation supportable. »

La juste distance constitue un objectif à atteindre. «Les bonnes manières et la politesse nous permettent de jouer le jeu social, car nous devons aussi vivre ensemble, interagir et partager des espaces communs. Nous avons besoin de chaleur humaine pour casser la glace, pour aborder autrui sans être trop froids ni distants. Le civisme, c'est d'instaurer cette tempérance pour dire les choses sans choquer l'autre, sans l'encombrer de nos sentiments, de nos émotions, mais lui permettre d'avoir un rapport avec nous.» Voilà une vision fort intéressante du civisme que celle du sociologue Denis Jeffrey de l'Université Laval.

LE SAVIEZ-VOUS...

Le langage corporel

Selon des études menées de 1970 à 1980 sur des milliers de négociations commerciales, le langage corporel a un impact d'environ 80 %. Les résultats démontrent également que si, au cours d'une négociation au téléphone, c'est la personne qui dispose du meilleur argument qui l'emporte, ce n'est pas le cas lors d'entretiens en face-à-face ; nous serions plus influencés par ce que nous voyons que par ce que nous entendons. (Tiré de : *The Definitive Book of Body Language*.)

MA PLUS-VALUE

Pour commencer une conversation, cessez de croire que vous n'êtes pas intéressant. Parlez de vous, de vos goûts et de vos propres expériences. Nous avons tous des intérêts différents, notre propre personnalité : osez les partager, posez des questions. À chacun sa culture !

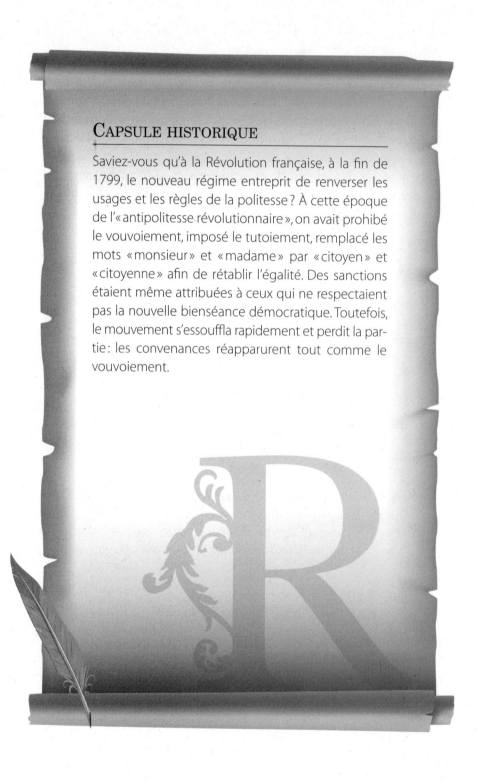

CAPSULE HISTORIQUE

Saviez-vous qu'à la Révolution française, à la fin de 1799, le nouveau régime entreprit de renverser les usages et les règles de la politesse ? À cette époque de l'«antipolitesse révolutionnaire», on avait prohibé le vouvoiement, imposé le tutoiement, remplacé les mots «monsieur» et «madame» par «citoyen» et «citoyenne» afin de rétablir l'égalité. Des sanctions étaient même attribuées à ceux qui ne respectaient pas la nouvelle bienséance démocratique. Toutefois, le mouvement s'essouffla rapidement et perdit la partie : les convenances réapparurent tout comme le vouvoiement.

REMARQUABLE

CELUI QUI SAIT FAIRE LES PRÉSENTATIONS

*Le bonheur vient de l'attention
prêtée aux petites choses,
et le malheur de la négligence
des petites choses.*

Proverbe chinois

Lors d'une session de formation, je racontais aux participants que le vouvoiement est une marque de respect et que peu importe l'âge, le titre et le rang social de ceux que nous côtoyons, le vouvoiement permet d'entrer en contact sans risquer de froisser qui que ce soit. C'est alors qu'une dame plus âgée que moi m'interrompt pour manifester son désaccord : «Pourquoi je te vouvoierais ? Tu ne mérites pas encore mon respect, tu es trop jeune.» C'est ainsi que j'ai réalisé à quel point le vouvoiement peut marquer notre considération ou notre manque d'estime envers quelqu'un. J'ai fait mon mea culpa *pour toutes ces fois où j'avais moi aussi tutoyé des commis plus jeunes et ceux qui avaient un poste moins prestigieux que le mien. Maintenant, je vouvoie sans distinction et bien souvent, à la fin de la brève rencontre, les gens me retournent la politesse. Ce que vous donnez, vous le recevez !*

De quelle manière réagissez-vous lorsqu'on vous aborde de façon cavalière ? Par exemple, vous entrez dans une boutique et le commis, sans vous avoir dit bonjour et sans vous regarder, vous aborde ainsi : « Tu cherches quelque chose en particulier, as-tu besoin d'aide ? »

- Vous ressentez un vif plaisir à engager la conversation, car vous avez l'impression d'avoir rencontré quelqu'un de très amical.

- Vous ressentez un doute, cet accueil sans tact ni sincérité vous fait hésiter à répondre.

- Vous cherchez la sortie.

Employez le vouvoiement dans un premier temps, question de garder une certaine distance et ne pas verser dans la familiarité soudaine, qui peut être la plus agréable ou la pire des choses pour la suite de l'entretien. Vous pourrez vous ajuster par la suite, une fois la glace brisée.

Toujours dans le but de séduire nos visiteurs, de les accueillir de manière convenable, que penser de : « Comment allez-vous ? » Soyons honnêtes, nous savons tous que cette interrogation est accessoire dans la conversation et que les inconnus n'ont aucunement envie de connaître notre état de santé et que la réponse attendue est assurément : « Je vais bien. » Les gens ne s'occupent que très rarement de la réponse, essayez-le, vous verrez bien ! D'ailleurs, pour plusieurs, il est très irritant de voir un inconnu feindre de s'intéresser à eux simplement pour la forme. Il appartient donc à chacun de choisir la meilleure approche pour éviter de perdre un client.

L'accueil, un élément qui vaut son pesant d'or

Imaginons maintenant que vous êtes propriétaire d'une boutique de nettoyage à sec : chaque semaine, un client vous apporte ses chemises et dépense chez vous 20 $, et ce, durant toute l'année. Un bon matin, vous l'accueillez sans bonjour, avec rudesse et impatience, et le laissez repartir sans salutations, ni explications, ni excuses. Un client de perdu au profit du compétiteur, ce n'est pas la catastrophe, direz-vous. Cependant, le départ de votre visiteur hebdomadaire vous fera perdre un revenu annuel d'environ 1000 $. Ajoutez à ce montant les factures des autres clients qui, eux aussi, ne reviendront plus déçus de votre attitude ce jour-là, et vous constaterez que l'impolitesse coûte cher et que le bouche-à-oreille vaut plus que toutes les publicités. (Tiré de : *Business Class*, 2005.)

Nous vivons dans un monde où tout va vite et il est facile de négliger ces attentions qui font que notre clientèle demeure fidèle. Selon Don Peppers et Martha Rogers, auteurs de *The One to One Future*, il coûte environ 500 % plus cher pour aller chercher un nouveau client que de mettre les efforts nécessaires pour retenir un client existant. L'entreprise est élue tous les jours par ses clients, écrit François Michelin, et aucun client n'est acquis.

Tour à tour, nous sommes déçus et mécontents de la piètre qualité du service à la clientèle dans plusieurs entreprises. L'attitude nonchalante et le manque d'intérêt des employés envers la clientèle sont les principaux reproches émis par les consommateurs, peu importe le type de services proposés. Les employés ne semblent pas conscients de l'importance de leur rôle et de leur contribution dans le succès d'une entreprise. Comme je suis souvent en déplacement, je séjourne dans plusieurs hôtels, et j'essaie de découvrir de nouveaux restaurants. Chaque fois, c'est mon intuition qui guide mes choix. D'ailleurs, il a été démontré que c'est au cours des premières secondes d'une conversation téléphonique ou d'un contact en personne que nous choisissons un endroit plutôt qu'un autre, et c'est aussi à ce moment que nous irons de l'avant ou non dans une relation professionnelle.

Nous apprécions le traitement de faveur qui nous est accordé par la réceptionniste, par le maître d'hôtel, par le technicien, par le représentant, par le commis, par la femme de chambre... Une petite attention qui, bien souvent, consiste en un simple : «Bonjour, [monsieur ou madame], il y a quelque temps qu'on vous avait vu !» Voici ce qui, pour moi comme pour vous, fait toute la différence. Nous avons l'impression d'être quelqu'un de spécial.

Cependant, il est impératif de conserver une certaine réserve dans nos communications avec nos clients, même lorsqu'il se développe une certaine familiarité. Nous ne pouvons aborder un client comme nous le ferions avec un copain.

En route vers le nord du Québec, je cherche une chambre. Voici le résumé de l'accueil téléphonique :

«Bonjour, ma belle! Tu désires une place pour la nuit? Pas de problème, tu vas adorer la chambre bleue, me dit l'aubergiste.

— Oui, vraiment...

— À quelle heure tu penses arriver?

— Je crois que je vais finalement rappeler. Je ne suis plus certaine d'avoir le temps de m'arrêter pour la nuit...

— Ah bon», répondit-elle, confuse, devant mon changement de plan soudain.

Cette dame voulait tout simplement être hospitalière ; cependant, sa familiarité trop soudaine ainsi que sa façon de s'exprimer m'ont fait craindre le pire. Pendant quelques secondes, j'ai pensé qu'elle s'installerait avec moi dans la chambre bleue pour regarder le téléviseur! Un juste équilibre, une certaine retenue, voilà la recette gagnante pour des relations professionnelles de qualité supérieure.

Mémoire, quand tu nous tiens

«Un des plus beaux cadeaux que nous ait fait la vie, c'est quand notre prénom a l'air d'un mot gentil...», chantait Ginette Reno. Ce qui nous touche dans la vie de tous les jours nous touche aussi dans le monde professionnel. Lorsque quelqu'un se donne la peine de retenir notre nom, nous en sommes très flattés. Comment vous sentez-vous lorsque le serveur au restaurant vous accueille en vous appelant par votre nom et qu'il vous conduit à votre table? Ça n'a pas de prix, n'est-ce pas? Mémoriser les noms est fort utile pour créer un contact sympathique. L'intérêt que nous portons envers les gens est noté sur-le-champ. Appeler quelqu'un par son nom, c'est lui dire : «Vous êtes important et vous avez de la valeur à mes yeux.» Combien de fois faut-il vous répéter un nom pour que vous le reteniez?

Rares sont les gens qui réussissent à mémoriser les noms sans efforts, mais c'est un travail de concentration qui en vaut la peine car il est rapidement rentable. *Le truc*: être vraiment intéressé. C'est trop simple, n'est-ce pas? Lorsque vous rencontrez une personne charmante, devez-vous lui demander deux fois son nom ou le retiendrez-vous dès la première fois? C'est incroyable, lorsque nous sommes enchantés, nous retrouvons subitement la mémoire! Notre façon d'écouter révèle notre véritable intérêt pour autrui. D'ailleurs, les gens qui ont du charisme ont su développer cette aptitude.

Voici quelques trucs qui vous aideront à mémoriser les noms.

- Utilisez le nom d'une nouvelle connaissance quelques fois pendant la conversation; votre cerveau enregistrera alors la mélodie et vous marquerez des points aux yeux de votre interlocuteur.

- Saviez-vous que les lettres qui composent le nom des gens sont en général leurs favorites? Au moment du départ, dites au revoir en prononçant une dernière fois le nom de la personne, vous partirez sur une bonne note!

- Inventez-vous des aide-mémoire; par exemple, vous rencontrez quelqu'un qui se prénomme Anthony. Pensez à l'acteur Anthony Hopkins et vous retiendrez son nom plus facilement. N'hésitez pas à créer des associations loufoques; votre objectif est de mémoriser un nom et tous les moyens sont bons pour y arriver.

- Notez le nom de la personne sur un bout de papier; le fait de l'écrire et de le visualiser vous aidera à le mémoriser plus facilement. Lorsqu'on vous remet une carte professionnelle, prenez le temps de la lire et de répéter silencieusement le nom de la personne qui vous l'a remise.

- Chaque fois que vous décrochez votre téléphone, inscrivez immédiatement le nom de la personne qui est au bout du fil afin de pouvoir l'utiliser quelques fois pendant la conversation.

- Vous avez mal compris le nom de la personne qui se présente? Demandez-lui de répéter ou encore d'épeler son nom. Voilà qui est bien mieux que d'interagir avec une personne en lui attribuant un faux nom!

- Enfin, adoptez une attitude positive lors de vos prochaines sorties et dites-vous: «Cette fois, je retiendrai un nom, deux noms, trois noms.»

L'abc des présentations

Je me souviens de cet homme que l'on m'a présenté pendant un colloque alors que nous étions attablés devant notre repas. Comme toutes les places à la table étaient occupées, il s'est résigné à demeurer debout, près de moi. Comme il ne savait que faire de ses mains, ce professionnel s'est tout simplement permis de me masser le dos tout en poursuivant la conversation avec les autres convives, les autres dis-je bien, car je ne pouvais plus exprimer un seul mot, mon visage affichait un énorme malaise. Finalement, au bout de quelques longues minutes, il nous a quittés et tous se sont mis à rigoler. Cet homme avait l'habitude d'être plutôt familier avec les dames! Heureusement, ma patience a porté ses fruits, il s'est inscrit à l'une de mes sessions sur le savoir-être professionnel.

Au risque de me répéter, on ne sait jamais qui connaît qui! Les tournois de golf, les activités de formation, les 5 à 7 s'inscrivent à l'intérieur d'un cadre professionnel. C'est pourquoi nous devons souvent faire preuve de retenue et de civisme en toutes situations, un investissement qui en vaut la peine, et il en va de votre réputation.

Certains se souviendront peut-être de ce qui faisait les manchettes de l'actualité en 2002; l'homme d'affaires québécois Louis Garneau, lui, ne l'oubliera jamais: «On prenait une photo et sous l'impulsion du moment, sans y penser, spontanément, j'ai mis ma main sur son épaule, en oubliant qu'elle n'était pas une grand-mère ordinaire, mais bien la reine Élisabeth II. Elle n'a pas du tout mal réagi, elle était au contraire charmante. C'est un journaliste de la BBC qui m'a souligné que je venais de commettre un impair.» Même si la reine peut toucher ses convives, l'inverse est largement prohibé. Dans notre vie quotidienne, les règles de présentation sont beaucoup moins strictes que celles en vigueur chez les monarques. Toutefois, il en existe quelques-unes que vous devez connaître afin d'éviter certaines maladresses; la plus importante: évitez de toucher les gens que vous ne connaissez pas, c'est un geste trop familier, trop intime.

Faites bonne figure

Comment nous présenter efficacement? D'abord, nous tendons la main, nous sourions et nous donnons notre nom. Il faut suivre le rythme, parfois le prénom suffit, à certains moments nous déclinerons nom et prénom, et dans d'autres cas, il sera opportun d'ajouter le nom de l'entreprise pour laquelle nous travaillons ou encore notre profession. Chaque occasion est unique et nous permet de dire qui nous sommes. Il est primordial d'apprendre à nous faire valoir et à le faire nous-mêmes, car trop souvent les gens négligent de faire les présentations. Savoir présenter les gens est un art que nous avons intérêt à maîtriser pour tout type d'événement, privé ou public. Cela est encore plus vrai lorsque nous sommes l'hôte de la réception, car la présentation des invités les uns aux autres constitue un élément essentiel à la réussite de la rencontre.

Vous souvenez-vous de cette soirée où vous attendiez debout près de votre collègue qu'il vous présente à ce nouvel invité avec qui il avait entrepris la conversation sans prendre soin de vous y inclure? Plutôt que de pester contre lui et son manque de courtoisie, il est plus efficace d'allonger la main et de se présenter, car on n'est jamais mieux servi que par soi-même.

TRUCS ÉCLAIR

Utilisez les formules standards pour faire vos présentations.

- Puis-je vous présenter... ?

- Permettez-moi de vous présenter...

- Monsieur Sicotte, je vous présente monsieur Cloutier.

Lorsque vous présentez deux personnes l'une à l'autre, le fait de compléter avec quelques mots aimables facilitera le contact et permettra aux gens d'avoir une conversation plus agréable dès le départ; par exemple :

- «Jean-Guy est cet ami dont je vous ai souvent parlé...»

- «Monsieur Allaire est un ancien collègue de travail...»

Lors de vos présentations, évitez d'utiliser le *ça* : «Ça, c'est Mario, mon mari.» Dites plutôt : «Je vous présente mon mari, Mario» ou «Voici mon mari, Mario».

Les présentations permettent de se renseigner sur les statuts sociaux et de se placer par rapport aux autres. C'est à la personne ayant la position hiérarchique la plus élevée que l'on présentera les invités et c'est cette même personne qui doit amorcer la conversation.

MA PLUS-VALUE

Vous avez oublié le nom de quelqu'un ? C'est normal, nous sommes tous humains. Demandez à cette personne de se nommer à nouveau. N'attirez pas l'attention sur votre bévue, mais cette fois-ci concentrez-vous pour le retenir !

CAPSULE HISTORIQUE

À l'origine, nos ancêtres, chasseurs et pêcheurs, se sont vraisemblablement retirés dans les cavernes pour manger et se mettre à l'abri. Mais dès que les hommes se sont réunis en groupes plus importants, les repas ont commencé à jouer le rôle d'un lien réel entre eux. C'est pourquoi, de tout temps, avant même l'invention des couverts, des règles ont présidé aux repas et des tabous ont été décrétés. Au VIIe siècle, les repas étaient pour les Grecs une affaire d'hommes seulement. Ils mangeaient dans une pièce et se réunissaient dans une autre pour boire du vin et parler philosophie. L'arrivée des Romains a modifié le rituel : l'alcool et la nourriture étaient servis sans délicatesse, les orgies et la démesure se trouvaient au menu. Enfin, la conversion de l'Europe au christianisme a donné aux repas une nouvelle signification. La nourriture arrivait au second plan après de nombreuses cérémonies religieuses. Le rituel des repas a atteint son apogée avec l'arrivée de Louis XIV à Versailles. Il a converti les rites religieux pour en faire les siens et il a institué ses propres règles d'étiquette.

REPAS

D'AFFAIRES ET SAVOIR-FAIRE
À TABLE

Les règles d'étiquette
et la bonne tenue à la table servent
à épargner aux autres tout
un spectacle peu appétissant !

Livre d'or de la politesse

J'ai encore en mémoire l'un de ces moments où persiste le sentiment d'avoir agi de manière incorrecte, d'avoir commis ce geste inadéquat qui déplace toute l'attention sur vous, sans que vous sachiez trop pourquoi. J'avais tout au plus huit ans et la dame qui me présentait les arachides avait pris soin de déposer une cuillère dans le joli contenant ; j'ai cru qu'elle m'était destinée. C'est ainsi que je l'ai bien remplie et glissée dans ma bouche sous le regard amusé et surpris des invités. Mon orgueil en a pris un coup, et depuis je préfère les crudités car, heureusement, on m'a appris à ne les tremper qu'une seule fois dans la sauce d'accompagnement !

Vous avez déjà expérimenté cette sensation ? Cette impression instinctive « de sécurité » qui nous suggère parfois la fuite devant certains plats, certains invités ou certains restaurants pour éviter de nous faire remarquer par notre conduite inappropriée.

Nous avons vu précédemment qu'il faut bien peu de temps pour rendre un jugement et que, malheureusement, la première impression devient une certitude pour plusieurs. Comme nous vivons dans une société où le temps a une valeur inestimable, il n'y a rien de mieux et de plus rapide qu'une évaluation devant un repas. L'attitude d'une personne devant un plat, son intérêt pour la conversation et son aisance sont des éléments très éloquents.

J'aime bien repenser à cette session privée dans un grand restaurant où nous discutions des bonnes manières à adopter lors de repas avec des clients. Au moment où nous abordions le thème des gestes à éviter, nous avons aperçu à la table voisine une professionnelle qui semblait aux prises avec une démangeaison cutanée. Pour mettre fin à son supplice, elle empoigna son couteau, l'inséra à l'intérieur de son veston et gratta tout doucement ce qui la chatouillait au beau milieu du dos. Elle a ensuite nettoyé son «grattoir» avec sa serviette de table et a tout bonnement poursuivi son repas et la conversation avec ses invités. Vous voyez l'image?

Peut-être était-ce une excellente gestionnaire, mais le doute est installé... Selon un sondage mené en 2000 par la firme de consultants Robert Half International, 49 % des dirigeants d'entreprise affirment que les rencontres les plus productives à l'extérieur du bureau sont celles au restaurant. Les entreprises accordent une place importante aux réunions, et des milliards de dollars sont engloutis chaque année en frais de repas, car, bien souvent, le processus de négociations s'achève au restaurant. Voici quelques gestes appréciés à la table, histoire de rentabiliser vos déplacements.

 LE SAVIEZ-VOUS...

Depuis l'âge de pierre

Le but de ces réunions autour d'un repas est toujours le même : afficher pouvoir et réussite sociale, l'objectif étant d'impressionner les rivaux et de s'allier les autres.

Savoir nous comporter à table nous aide à nous sentir à l'aise et à *notre place*. Lorsque nous ne doutons plus de nos gestes et que nous savons comment interagir, nous pouvons vraiment faire de ces soirées «nécessaires, obligatoires, protocolaires» des rencontres conviviales, amusantes et y prendre plaisir plutôt que de les subir et d'attendre impatiemment le dernier service pour pouvoir *enfin* partir!

Clin d'œil

Assis au restaurant, un homme avait noué sa serviette de table autour de son cou. Le maître d'hôtel lui demanda: «C'est pour la barbe ou les cheveux, monsieur?»

TRUCS ÉCLAIR

- Déposez votre serviette de table sur vos genoux pendant le repas et non à votre cou (à l'exception des repas de homards et des soupers spaghettis). Par ailleurs, si vous quittez la table momentanément, déposez votre serviette sur votre chaise. Une fois le repas terminé, placez votre serviette à la gauche de votre assiette.

- Étendez le beurre sur votre pain, une bouchée à la fois, ne le tartinez pas en public.

- Si votre soupe est trop chaude, patientez quelques instants. Elle ne peut être refroidie en ajoutant de l'eau, de la glace ou encore des biscuits. La cuillère se tient comme un crayon. Évitez d'insérer complètement le creux de la cuillère dans votre bouche. Enfin, qu'elle soit chaude ou froide, la soupe ne se boit pas.

- Coupez vos aliments une bouchée à la fois et évitez de surcharger votre fourchette. Porter votre couteau à la bouche est le degré zéro de politesse.

- Essuyez vos lèvres avant de prendre une gorgée de liquide ; évitez de boire lorsque vous avez de la nourriture dans la bouche ou d'ingurgiter le contenu entier de votre verre d'un seul coup.

- Si on vous sert des pommes de terre entières, n'en faites surtout pas une purée avec votre fourchette.

- Évitez de vous curer les dents en public : certaines images ne vous rendent pas justice !

- Quand vous bâillez, mettez la main devant votre bouche. Côté hygiène, apprenez à tousser ou à éternuer dans un mouchoir. Si vous n'avez pas de mouchoir, ne pensez même pas à la serviette de table ! Utilisez le creux de votre coude.

- Mesdames, se coiffer, remettre du rouge à lèvres ou se poudrer le visage sont des coquetteries qui doivent être faites en privé. Il est vrai que Marie-Antoinette avait l'habitude de prendre 30 minutes après les repas pour retoucher son maquillage ; cependant, elle ne convoitait pas le poste de directrice de son entreprise !

- Réfrénez votre envie de parler lorsque vous avez la bouche pleine. Les gens qui enfreignent cette règle sont aussi désagréables à voir qu'à écouter.

- Au restaurant, lorsque vous reconnaissez certaines personnes ou rencontrez sur votre passage des gens qui sont à déguster leur repas, saluez-les sans engager la conversation. Les gens adorent savourer leur plat chaud.

- Ne faites pas une scène si vous trouvez quelque chose dans votre nourriture, avisez discrètement le personnel qui le remplacera immédiatement. Soyez pondéré lorsque vous avez besoin de service : ne criez pas d'un bout à l'autre de la salle du restaurant, ne claquez pas vos doigts, ne faites pas tinter votre couteau au bord de votre verre, ne faites pas de grands signes avec les bras pour attirer l'attention du serveur. Un «s'il vous plaît» ou un léger signe de la main feront l'affaire.

- Si vous devez vous servir seul au buffet, évitez de remplir votre assiette jusqu'à ce qu'elle déborde, on croira qu'il y a longtemps que vous avez mangé.

- Optez pour des aliments qui se mangent facilement. Simplifiez-vous la vie et évitez les spaghettis, les côtes le-vées, les frites, les brochettes (ou faites retirer la broche). Gardez-vous ce plaisir de manger avec les doigts lors de repas intimes, sans cérémonie.

- Une fois le repas terminé, ne poussez pas votre assiette, soyez patient et attendez que l'on vienne débarrasser les couverts.

- Si vous êtes en compagnie de huit personnes et plus à table, vous pourrez commencer à déguster votre plat lorsque les trois ou quatre convives près de vous auront été servis. En plus petit groupe, attendez que tous les gens à votre table aient reçu leur plat avant de débuter.

- Si vous attendez un appel urgent lors d'un repas, dès la pre-mière vibration, éloignez-vous pour discuter pour ne pas briser l'intimité et la quiétude des autres personnes. Faites preuve de civisme avec votre cellulaire. Selon un sondage publié par le *USA Today* (2008), près de 60 % des gens pré-fèrent une visite chez le dentiste plutôt que de se retrouver au restaurant avec un voisin de table qui parle au cellulaire.

Un brin d'humour

Selon la légende dorée de la Belle Époque, on rapporte que Sacha Guitry, lors d'un dîner de grand gala, avait laissé échapper un vent particulièrement sonore. Alors que tout le monde, très gêné, pique du nez dans son assiette, Guitry, en complet noir et cravate blanche, que rien ne peut décontenancer, se penche vers sa voisine de droite et lui chuchote, d'une voix parfaitement audible par toute la table : « Ne vous en faites pas, madame, je dirai que c'est moi. » (Tiré de : *Histoire de la politesse*.)

Les Européens mangeaient de la même façon que les Américains, c'est-à-dire qu'ils utilisaient la fourchette avec la main droite jusqu'en 1840. Ensuite, question d'efficacité, les gens de la bourgeoisie ont choisi de conserver la fourchette dans la main gauche tout au long du repas. Il existe donc deux façons d'utiliser les couverts, à l'américaine et à l'européenne.

Le style européen est la manière la plus efficace et la plus utilisée dans le monde, car il présente un avantage certain : celui de ne pas avoir à changer le couteau et la fourchette de main constamment. La fourchette est tenue avec la main gauche et le couteau avec la main droite. Après avoir coupé une bouchée, le couteau viendra appuyer la nourriture sur le dos de la fourchette, les dents vers le bas et la nourriture sera portée à la bouche de cette façon.

De la façon américaine, la fourchette est tenue avec la main gauche et le couteau avec la main droite pour couper les aliments seulement et une bouchée à la fois ! Ensuite, le couteau est déposé sur le côté droit de l'assiette et la fourchette sera utilisée cette fois avec la main droite pour porter la nourriture à la bouche, les dents vers le haut. Les couverts sont disposés au centre de l'assiette à la fin du repas.

LE SAVIEZ-VOUS...

Gauche ou droite ?

« On place les fourchettes à gauche, les couteaux et les cuillères à droite. Le positionnement du couteau à droite vient du temps où il était d'usage de se servir du couteau que chacun gardait sur soi en permanence. Or, il se portait du côté gauche ; pour le sortir, on utilisait la main droite et le geste le plus naturel consistait à le déposer à droite de l'assiette. » (Tiré de : *Le protocole, instrument de communication*, de Louis Dussault.)

La fourchette a fait son apparition d'abord en Italie vers 1056. En France, elle a été introduite au XVIe siècle par la reine Catherine de Médicis. Toutefois, l'usage de la fourchette pour porter l'aliment de l'assiette à la bouche ne s'est installé qu'à la fin du XVIIIe siècle et elle a occupé la place libre sur la table, soit le côté gauche de l'assiette.

Un bon invité

Dès votre arrivée à un repas, allez vous présenter, car c'est votre devoir de le faire. Saluez d'abord les hôtes, sans toutefois les monopoliser. Avant de prendre place à table, présentez-vous aux convives que vous n'avez pas encore rencontrés, cela va assurément briser la glace et contribuer à la réussite de la rencontre. Si votre place ne vous convient pas, vous ne pouvez pas modifier le plan de table, encore moins remanier les cartons portant le nom des invités. Alors, soyez bon joueur pour cette fois et profitez de l'occasion pour créer des liens avec de nouvelles personnes susceptibles d'avoir des besoins professionnels correspondant justement à vos services. Pour ce qui est des prochaines invitations, vous pourrez demander à l'avance d'être assis avec certaines personnes.

Si vous souffrez d'allergies à certains aliments, il est inutile d'alerter tous les invités et de leur faire connaître vos intolérances et tous vos problèmes de santé. Vous êtes un invité coopératif et ne voulez pas être remarqué pour ce genre de détails, alors vous avez deux choix : avisez discrètement le serveur et demandez que soit remplacé votre plat ou encore, et c'est à mon avis la meilleure décision, attendez la suite du repas tout en poursuivant la conversation. Lors d'une prochaine invitation, pensez à aviser à l'avance les organisateurs de vos restrictions alimentaires et vous éviterez ainsi de mettre les hôtes dans l'embarras et de revivre ce malaise. J'ajouterai ici que si vous avez des médicaments à prendre au cours de futures rencontres professionnelles, allez le faire en privé. De plus, ne parlez pas de vos régimes alimentaires et de vos préférences en matière de nourriture. Les gens qui vous invitent veulent vous plaire, alors appréciez leurs attentions même si quelques détails vous irritent. Le moment serait vraiment mal choisi pour critiquer le service ou la qualité du repas ; faites preuve de discrétion.

Soyez reconnaissant : dès votre retour, écrivez un mot de remerciement à vos hôtes en témoignage de votre appréciation et qui sait, peut-être recevrez-vous de nouvelles invitations ! Évidemment, un courriel est acceptable, mais un mot écrit à la main a beaucoup plus de valeur. D'ailleurs, à quand remonte la dernière carte reçue pour vous dire simplement merci ? Ces gestes de reconnaissance sont devenus tellement rares que nous les apprécions encore davantage.

Savoir recevoir : quelques pistes à suivre

Recevez-vous plusieurs invitations chaque mois, chaque semaine ? Celles que vous privilégiez ont certainement attiré votre attention et votre intérêt. Les invitations reçues par la poste ou écrites à la main font un bien meilleur effet qu'un message reçu par courriel. Celles envoyées quelques semaines à l'avance, soit un minimum d'un mois pour un repas, de deux à trois semaines pour une réception et de six mois pour un événement majeur, attestent de votre attention à l'égard de vos invités. La rédaction de l'invitation tournera autour de quelques termes qui doivent fournir les réponses aux questions qu'ils se poseront :

- Le nom de l'hôte et la formule : repas, cocktail, déjeuner.
- Les motifs de l'invitation.
- L'horaire et la durée de l'événement.
- Le lieu de la rencontre et la façon de s'y rendre.
- La tenue vestimentaire souhaitée.
- Les délais de réponse.

Pour que nos invitations soient celles que les invités retiennent, faisons preuve d'originalité, cherchons ce qui est intéressant avant de les rédiger ; il revient à nous de leur rappeler les avantages qu'ils obtiendront à se présenter à notre événement. Ainsi, le taux de participation sera plus élevé. Pour ma part, si vous offrez le champagne, j'y serai ! Chacun a son point faible, faites vos recherches. Je crois qu'il est important de préciser que le succès d'un événement est attribuable aux rencontres que feront vos invités, aux discussions et aux propos échangés, leur objectif étant d'élargir leur cercle de relations sociales et professionnelles. C'est pourquoi il est si important de sélectionner à une même table des invités qui ont des champs d'intérêt communs.

Lorsque nous invitons un client au restaurant, c'est à nous de choisir l'endroit du rendez-vous ; cependant, il nous faut considérer les goûts et les préférences de notre invité et le temps qu'il alloue à son repas. Puisque nous recevons, nous serons sur place quelques minutes à l'avance ; il serait vraiment embarrassant d'arriver après les invités. De plus, ces quelques minutes permettront de jeter un coup d'œil au menu afin de faire des suggestions aux convives et de nous assurer d'avoir la table qui convient le mieux, en prenant soin de refuser celle près des toilettes, de la caisse ou même près d'un miroir (nous avons tous la mauvaise habitude de nous regarder plutôt que de fixer notre attention sur notre invité). Nous choisirons un endroit plus intime où il sera possible d'avoir une conversation sans être constamment distraits par les allées et venues.

Vous invitez ! Alors, c'est à vous de régler l'addition, que vous soyez un homme ou une femme. Cependant, bien des femmes racontent qu'il leur est difficile d'appliquer la règle avec certains convives masculins. Bien des disputes pour l'addition pourront être évitées si vous prenez les arrangements avant l'arrivée de votre invité. Précisez à votre serveur que vous êtes l'hôte de ce repas et que l'addition est pour vous.

Un repas au restaurant est le meilleur moment pour apprendre à connaître davantage vos invités : prenez le temps de discuter de sujets variés et de créer des liens. La conversation « affaires » sera mise de l'avant après le plat principal.

LE SAVIEZ-VOUS...

La place des invités

«Il est reconnu que la place la plus importante, après celle du centre occupée par l'hôte ou par l'invité d'honneur, est, selon la tradition occidentale, la droite de ce centre. Les exemples en faveur de la droite sont nombreux: Léonard de Vinci, dans son célèbre tableau *La Cène*, a placé saint Jean à la droite du Christ. Au Jugement dernier, les élus se rangeront à la droite du Père. L'habitude étant acquise depuis un millénaire que la droite convenait pour honorer l'invité principal, la seconde s'est trouvée *de facto* être la gauche. Il est donc d'usage de placer à la droite de l'hôte la personne la plus importante puis, à sa gauche, la seconde, en alternant ensuite ainsi la droite et la gauche. (Tiré de: *Le protocole, instrument de communication*, de Louis Dussault.)

Si vous êtes l'hôte d'un repas, c'est à vous de sélectionner le vin, ce qui n'est pas toujours évident si vous n'êtes pas un expert! Alors, voici quelques règles et trucs suggérés par Christian Martel, animateur, chroniqueur et conseiller en vin depuis plus de 20 ans, qui pourraient vous être d'un grand secours lorsque vous recevez à la maison (www.degustation christianmartel.wordpress.com).

À quelle température doit-on servir les vins?

D'abord, les blancs sont servis souvent trop froids, ce qui a pour effet de diminuer leur goût fruité au profit de l'acidité. La solution: placez la bouteille au réfrigérateur pendant quelques heures et retirez-la 40 minutes avant de la servir. On peut faire de même avec les vins rosés. Pour ce qui est des rouges, ils sont souvent servis un peu trop chauds en raison de cette vieille croyance qui dit qu'il faille les boire à la température de la pièce. Placez-les au réfrigérateur 45 minutes avant de les servir afin d'obtenir une température idéale.

Les verres à vin

Il en existe plusieurs variétés: la coupe du verre (la partie qui contient le liquide) doit avoir une ouverture plus étroite que la base, de façon à concentrer les parfums. Le vin est servi à la droite de vos invités, et les verres se remplissent maximum au tiers afin que les arômes puissent se développer. Le verre se tient par le pied afin de ne pas réchauffer le vin avec la chaleur de la main.

Doit-on servir le meilleur vin au début ou à la fin ?

Le débat reste ouvert, et vous pourrez solutionner le problème de la façon suivante : si le vin est servi avant le repas, je suggère de prendre d'abord la meilleure bouteille parce que vous pourrez la goûter sans interférence avec la nourriture. Si vous dégustez votre vin lors du repas, vous pouvez conserver le meilleur pour la fin. Servez les vins plus souples et plus légers d'abord. On a souvent dit qu'il fallait absolument boire les blancs avant les rouges, ce n'est pas une nécessité absolue. Il n'y a aucun problème à présenter, par exemple, un blanc avec les fromages après avoir pris un rouge, même corsé. D'ailleurs, le blanc se marie beaucoup mieux que le rouge avec les fromages.

Quelle quantité de vin doit-on prévoir pour chacun des invités ?

Pour un repas, nous devons habituellement prévoir une quantité allant d'une demi-bouteille à une bouteille par personne. Vous devez également considérer la durée du repas lors de vos sélections.

Doit-on ouvrir la bouteille à l'avance ?

Ouvrir une bouteille à l'avance sert à laisser s'échapper les odeurs indésirables et permet au vin de s'oxygéner.

Le vin est bouchonné, que faire ?

Le défaut du vin le plus courant est le vin bouchonné, et cela se produit uniquement avec les bouchons de liège qui peuvent contenir parfois des moisissures dont le goût et les odeurs se transmettent au vin. Comment repérer le goût de bouchon ? Cette anomalie n'est pas toujours décelable à l'ouverture ; mais, de minute en minute, elle masque de plus en plus le goût du vin.

Au restaurant, n'hésitez pas à demander l'aide du sommelier ou de votre serveur afin qu'il sélectionne un vin qui accompagnera bien les choix de vos invités.

LE SAVIEZ-VOUS...

Le goût de sucré

« Les vins doux devraient, comme les mets sucrés, n'être servis qu'à la fin du repas. Le goût de sucré agit sur la langue comme un signal de satiété. Au début du repas, ce signal provoquerait une baisse prématurée de l'appétit alors qu'à la fin du repas, ce même signal est perçu comme un événement normal venant à point pour susciter une impression de satisfaction. » (Tiré de : *Psychologie du goût*, de Brillat-Savarin.)

C'est à la personne qui reçoit de proposer un premier toast pour souhaiter la bienvenue à ses invités. L'hôte lèvera à nouveau son verre après le plat principal pour souligner la présence d'un invité d'honneur, pour célébrer l'arrivée d'un nouveau collègue, pour exprimer son appréciation quant à un projet réalisé ou pour rendre hommage à quelqu'un. La personne qui reçoit cet honneur lève aussi son verre, mais elle ne boit pas (nous ne buvons pas en notre honneur). Lors de grandes réceptions, seules les personnes désignées par les organisateurs sont autorisées à porter un toast. Vous remarquez que certaines personnes hésitent à entrechoquer leurs verres, alors que d'autres insistent pour les faire tinter allégrement. Que faire ? Sachez qu'il est préférable de lever notre verre, en regardant les autres invités, puis de le porter à nos lèvres. Par contre, il faut toujours s'adapter au contexte et aux circonstances ; si les autres convives entrechoquent leurs verres, suivez le rythme, mais allez-y doucement.

Quelques règles pour déguster certains aliments

Abricots, cerises, prunes : Ces fruits sont habituellement mangés avec les doigts. Les noyaux sont déposés sur le côté de l'assiette.

Ananas : Coupez-le en quartiers, puis enlevez le cœur et l'écorce avec un couteau et une fourchette. Mangez les morceaux avec la fourchette. Si l'ananas est servi coupé dans son jus, employez la cuillère.

Artichauts : Entiers, ils sont mangés avec les doigts. Chaque feuille est retirée séparément et trempée dans la sauce. À l'aide des dents, retirez la partie tendre. Déposez la partie non comestible sur le côté de l'assiette. Dégagez le cœur à l'aide d'un couteau et d'une fourchette.

Asperges : Coupez-les en deux et mangez-les avec une fourchette si elles sont servies chaudes. En Europe, elles sont mangées avec les doigts lorsqu'elles sont servies froides.

Avocats : Mangez-les avec une cuillère à même la pelure. Si les morceaux sont déjà coupés ou réduits en purée, prenez-les avec une fourchette.

Bacon : Lorsqu'il est bien cuit, il peut être mangé avec les doigts.

Bananes : Mangez-les à table pelées et avec un couteau et une fourchette. Si vous mangez votre banane loin de la table, pelez et mangez.

Beignets et biscuits : Ne les trempez jamais en public ; à la maison, c'est votre affaire !

Beurre : Lorsque le beurre vous est servi, prenez un morceau avec le couteau de service et placez-le dans votre assiette à pain. Si des carrés de beurre sont offerts, utilisez la fourchette de service ; s'il n'y en a pas, employez votre couteau à beurre.

Céleri, olives, cornichons, radis : Prenez-les avec les doigts dans le plat de service et placez-les sur le côté de votre assiette principale ou encore sur le côté de votre assiette à pain. Les noyaux sont rejetés dans la main et déposés sur le bord de l'assiette.

Citron : Lorsqu'un morceau de citron est servi en garniture, vous pouvez le presser avec les doigts ou encore utilisez votre fourchette, piquez-le et pressez-le avec l'autre main pour extraire le jus.

Crevettes : Utilisez la fourchette à fruits de mer. Si les crevettes sont servies avec l'écaille, prenez-les avec les doigts pour les décortiquer.

Fraises : Si les fraises sont équeutées, utilisez votre assiette à dessert, sinon prenez les doigts.

Fruits dans votre verre : Si les fruits sont sur un cure-dent, vous pouvez les porter à votre bouche à l'aide de celui-ci. Vous risqueriez d'être mal perçu si vous plongez les doigts au fond de votre verre afin de récupérer les fruits qui s'y trouvent.

Homard : Puisque le homard est difficile à manger, il vaut mieux l'éviter lors des grands dîners ou demandez-le décortiqué.

Huîtres : Les huîtres requièrent l'utilisation d'une fourchette à trois dents. Le mollusque est mangé en une seule bouchée.

Kiwi : Si le kiwi est coupé en deux, il se mange avec la cuillère à même la pelure.

Mangues : Puisque les mangues sont souvent présentées coupées en deux, enlevez le noyau et coupez en quartiers à l'aide du couteau à dessert. Portez les morceaux à votre bouche avec la fourchette.

Melon : S'il est servi coupé en morceaux, utilisez votre cuillère.

Moules : Employez une coquille vide plutôt qu'une fourchette pour pincer le mollusque et portez-le à la bouche.

Œufs : Les œufs à la coque sont mangés avec un couteau et une fourchette. Les œufs mollets servis dans la coquille le sont avec une cuillère. S'il s'agit d'œufs frits, évitez d'utiliser vos doigts pour tremper votre pain dans l'assiette. Vous pouvez cependant le faire avec votre fourchette si vous le souhaitez.

Oranges : Pelez le fruit avec un couteau et une cuillère. Les quartiers sont mangés avec les doigts. Si les oranges sont déjà pelées et servies sur un plateau, utilisez la fourchette.

Palourdes : Tenez la coquille d'une main et sortez le muscle avec l'autre main. Enlevez la partie non comestible avec les doigts. Pour les palourdes frites, utilisez une fourchette.

Pamplemousse : S'il est séparé en deux parties, coupez chaque section à l'aide d'un couteau, puis utilisez la cuillère. Cependant, ne tentez pas de presser le fruit pour en extraire le jus, à moins d'être à la maison.

Pâtes longues : Utilisez une fourchette pour dégager quelques brins et roulez-les sur votre fourchette. Les pâtes ne se coupent pas avec un couteau. L'usage de la cuillère n'est pas recommandé.

Pêches, poires, pommes : Pelez-les avec un couteau et une fourchette, coupez-les en morceaux et mangez-les à l'aide d'une fourchette.

Pizza : Employez un couteau et une fourchette.

Pommes de terre : Qu'elles soient au four ou à la vapeur, utilisez une fourchette. La pelure peut être mangée à l'aide du couteau et de la fourchette. Employez une fourchette pour manger les frites lors d'un dîner plus formel.

Poulet, canard, dinde, cuisses de grenouilles, cailles : Ils sont mangés avec un couteau et une fourchette.

Raisins : Coupez une petite section de quelques raisins à l'aide de ciseaux et mangez-les un à un. Les noyaux sont mis dans la main et déposés ensuite dans l'assiette.

Sandwich : Les canapés sont mangés avec les doigts. Le club sandwich peut être mangé avec un couteau et une fourchette, ou avec les doigts. Utilisez un couteau et une fourchette pour les sandwichs tels que les croque-monsieur.

Sel : Ajoutez-en seulement après avoir goûté la nourriture.

MA PLUS-VALUE

Cultivez quelques bons liens dans deux ou trois restaurants. C'est un avantage d'être un « bon client » : vous saurez à quoi vous attendre, vous aurez votre table, votre serveur, enfin, vous serez accueilli comme quelqu'un d'important. Parce qu'une image vaut mille mots, le pourboire est un excellent moyen de dire merci ! Dans un restaurant modeste, le pourboire est habituellement de 15 %. Dans les grands restaurants, vous devez compter 20 % de la note avant les taxes en pourboire.

Capsule historique

L'invention du téléphone mobile est généralement
attribuée au docteur Martin Cooper, alors directeur
de la recherche et du développement chez Motorola.
Il serait la première personne à avoir fait un appel sur
un téléphone cellulaire en avril 1973. Cependant, ce
n'est qu'au début des années 1990 que les téléphones cellulaires sont devenus assez petits et bon
marché pour intéresser le consommateur moyen. À
ce jour, environ quatre milliards d'abonnements mo-
biles (voix et données) viennent d'être franchis. En
route pour les six milliards d'ici 2013 ? La Chine a dé-
passé les 600 millions d'appareils au cours de l'année,
devenant de loin le plus important marché des mo-
biles. (Tiré de : Union internationale des télécommu-
nications.)

Étape 9

RÉVOLUTION

TECHNOLOGIQUE,
POUR LE MEILLEUR
ET POUR LE PIRE

N'empiétez pas sur l'espace des autres ;
le sans-gêne n'est jamais justifiable.

Histoire de la politesse

En juin 2009, alors que le président américain Barack Obama adressait un discours à la Maison-Blanche, la sonnerie du téléphone cellulaire d'une journaliste s'est fait entendre dans toute la salle. Comme la présentation était retransmise en direct sur plusieurs chaînes de télévision, ce manque de courtoisie est rapidement devenu un extrait vidéo des plus regardés sur Internet. Imaginez l'horreur pour la reporter, d'autant plus que le choix de sa sonnerie, un cri de canard, a fait rire la salle tout entière. Le président a interrompu son allocution et, avec le plus grand tact et une pointe d'humour, a interrogé les gens présents : « Mais où allez-vous chercher toutes ces sonneries ? Je suis curieux de savoir… » et il a repris là où il avait laissé.

Nous avons tous déjà vécu une situation embarrassante de ce genre ; heureusement, nos bévues ne font pas les manchettes. La nouvelle technologie envahit nos vies et nos façons de travailler. La téléphonie est un incontournable ; ces outils révolutionnaires ont modifié nos existences, à un point tel que nous négligeons certaines règles de courtoisie élémentaires. Il semble malheureusement que la frontière entre la vie professionnelle et la vie privée soit presque disparue avec l'avènement des communications multiples. Les discussions téléphoniques aux tables voisines, au cinéma et aux toilettes sont devenues le bruit de fond de notre quotidien. Aux États-Unis, des expériences menées sur des utilisateurs de téléphone cellulaire ont permis d'observer qu'après une heure sans l'usage de leur appareil, certains démontraient des signes d'angoisse et d'anxiété ayant l'impression d'être coupés du monde extérieur. Nos téléphones nous servent-ils de respirateurs artificiels ?

Avez-vous remarqué que nos cellulaires ne dérangent personne, ce sont toujours ceux des autres qui posent un problème ? Nos appels sont importants, ce sont ceux des autres qui sont futiles !

Nous avons l'impression que chaque nouvel appel a sa raison d'être ; notre urgence a toujours un argument *de taille* qui, bien souvent, est contradictoire avec notre bon sens. Prenons, par exemple, la Société de l'assurance automobile du Québec qui a installé depuis peu, tout près des guichets de service à la clientèle, des affiches sur lesquelles on peut lire : «Veuillez éteindre vos téléphones cellulaires afin de nous permettre de mieux vous servir.» Totalement inutile, direz-vous, car nous savons tous qu'il est particulièrement grossier d'être au téléphone lorsque d'autres personnes sont en droit d'attendre toute notre attention. Toutefois, lorsque notre appareil s'anime, ces bonnes intentions s'éclipsent devant notre curiosité et l'irrésistible envie de savoir sur-le-champ qui tente de nous contacter.

Nous étions réunis avec des amis au restaurant et nous échangions justement sur l'usage du cellulaire dans notre société dite moderne. Nous étions tous d'accord pour dire que le fait d'être importunés en tout temps par nos appareils technologiques entachait grandement la qualité du moment présent et l'essence même de nos relations «humaines». Nous en avons profité pour pester contre ceux qui laissent leur téléphone sonner dans les restaurants, les cinémas, sans égard pour leur entourage tenu d'assister aux conversations les plus intimes et bien souvent banales. C'est à ce moment qu'une sonnerie a mis fin à notre discussion. L'heureux élu, qui avait laissé son ap-

pareil en fonction, s'est mis à bavarder, sans aucune hésitation, nous laissant seuls à nos réflexions car bien sûr, son appel était important !

À la lumière de mes observations, il apparaît que cette nouvelle technologie n'apporte pas que des avantages, elle provoque aussi une multitude de frustrations. Nous avons tous vécu à un moment ou à un autre ce sentiment d'être mis à l'écart, en compagnie de fournisseurs de services, de clients et d'amis. Les technologies numériques que sont le téléphone et Internet ont été créés pour instaurer et maintenir le lien avec nos interlocuteurs, mais paradoxalement nous perdons le contact humain tant recherché avec ceux qui nous entourent dans le flot de tous ces moyens de communication. Le téléphone est devenu un objet commun et nous ne prêtons plus attention à la manière de l'utiliser.

Comme Dominique Picard l'exprime dans son livre *Pourquoi la politesse ?*, «le portable nous fait subir une humiliation : celle que nous ressentons lorsque notre partenaire prend tous ses appels et, visiblement, préfère la conversation de ses correspondants lointains à la nôtre». Épargnez à ceux qui vous fréquentent les malaises et les doutes quant à leur importance pour vous et votre entreprise. En présence d'un client, le fait de répondre à quelqu'un d'autre lui signifie votre désintérêt. À votre prochain lunch au restaurant, regardez autour de vous, vous verrez parfois des collègues qui partagent leur repas à la même table sans s'adresser la parole, trop occupés à prendre leurs appels. Un repas au bureau aurait été bien plus productif et économique ! Vous verrez également des professionnels qui discutent sans gêne au téléphone, glissant ici et là des noms de famille, des informations privées, ignorant le malaise des gens qui sont à leur table et qui ne savent plus où regarder. Parfois, vous entendrez même des irréductibles qui, en plus, de prendre leurs appels, affirment devant leurs invités : «Non, vous ne me dérangez pas du tout, allez-y, je vous écoute...» Certains seront ensuite surpris d'avoir perdu quelques-uns de leurs contacts, clients ou amis, victimes de leur indifférence. Nous devrions nous souvenir qu'une conversation téléphonique n'est pas toujours appropriée !

Certains professionnels, qui sont aussi parents, soutiennent devoir être disponibles en permanence pour leur progéniture, et cet argument semble justifier la présence d'un cellulaire en fonction lors de réunions de travail, de conférences et même de rendez-vous d'affaires. Le représentant d'une compagnie en assurances appuyait son raisonnement sur le fait que son garçon s'était blessé au poignet à l'école et qu'il avait pleuré pendant 20 minutes sans que l'on puisse le joindre parce qu'il avait éteint son cellulaire pendant une rencontre professionnelle. «Plus jamais je ne permettrai une telle situation, plus jamais mon portable sera inaccessible à ma famille, et ce, peu importe le contexte, peu importe le client.» C'est indéniable, la technologie a créé de nouveaux besoins, mais votre cellulaire n'empêchera pas les petits soucis quotidiens de vos enfants. Par contre, en cas d'urgence *véritable,* laissez votre appareil en mode vibration et prenez l'appel en privé.

L'envahisseur

Que faire avec les collègues qui ne veulent pas fermer leur téléphone pendant une réunion?

Certains reçoivent plus de 200 courriels par jour, et c'est sans compter le phénomène des réseaux sociaux. D'ailleurs, malgré tous les efforts de discrétion déployés par certains, le manque de concentration est flagrant! Comment faire alors pour obtenir leur attention alors qu'ils sont rivés à leur écran? La meilleure façon de prévenir les dérangements, c'est encore d'informer vos participants. Avant le début de la rencontre, demandez-leur de bien vouloir éteindre leur appareil tout en leur indiquant que des temps libres sont au programme. Généralement, cette façon de faire diminue les interruptions. Du reste, l'utilisation des cellulaires est devenue l'une des sources de distractions numéro un dans les réunions d'équipe. Une enquête menée par Yahoo en 2009 auprès de professionnels dévoile que le tiers des 5300 employés questionnés ont répondu faire la lecture de leurs messages pendant les rencontres de travail.

Les recommandations

• Acceptez le fait que vous ne pouvez être constamment branché. Lorsque vous rencontrez un client, laissez le cellulaire dans la voiture ou éteignez-le. Bien sûr, il y a le mode vibration, mais qui résistera à l'envie de jeter un œil au message entrant? Il y a des impondérables; par exemple, lorsque vous attendez un appel urgent. Prévenez ceux qui sont en votre compagnie et réglez votre appareil en mode vibration. Une conversation dans un endroit retiré n'importunera pas les gens qui sont avec vous.

- Le cellulaire est aussi un élément qui fait partie de l'image. Les messages acheminés par courriel en langage SMS annoncent-ils la fin de l'orthographe française? Certains ne rendent pas justice à votre savoir-faire: «ckoi le nuvo pri» ou encore «c kom tu veu»; ces *textos* soulèvent le doute quant à l'éducation de l'expéditeur. Prenez également soin de bien choisir vos sonneries, celles imitant les cris d'animaux ou faisant entendre des mélodies de rock ou de rap seront laissées aux compétiteurs! Optez pour un son professionnel.

- Ce que vous annoncez sur votre message doit être mis à jour régulièrement; par exemple, lorsque, à la mi-février, une boîte vocale annonce que l'équipe sera de retour après le congé des fêtes, voilà une belle occasion de perdue pour démontrer votre efficacité! Attention aussi aux messages d'accueil trop personnels ou humoristiques au bureau.

- Faites preuve de discrétion dans les endroits publics, les conversations confidentielles seront ainsi préservées. Je l'ai déjà écrit: on ne sait jamais qui connaît qui. Où que vous soyez, vos appels téléphoniques peuvent déranger les autres, ce qui peut nuire à votre image et à celle de votre entreprise.

- Chaque appel est important, et je vous suggère de répondre à tous ceux qui ont tenté de vous joindre. Nous pourrions qualifier cette discipline de placement positif: le temps alloué à cette tâche vous rapportera de bonnes références. Quelqu'un qui vous importune aujourd'hui pourrait être votre client de demain! Les travailleurs autonomes sont de plus en plus nombreux, alors, lorsque vous rappelez une personne, soyez assuré de le faire au bon moment, soit pendant les heures de bureau. Personne n'apprécie un appel professionnel le samedi soir!

- Pour laisser un message sur une boîte vocale, portez attention à votre débit: parlez lentement et identifiez-vous clairement. Pour conclure, le numéro de téléphone pour vous joindre sera répété à deux reprises afin qu'il soit bien entendu. Vous pourriez même ajouter à quel moment votre interlocuteur pourra vous contacter facilement. Pourquoi pas personnaliser la fin du message! Il est toujours doux à l'oreille d'entendre notre nom: «J'attends votre appel, madame Lussier, au plaisir de vous parler.»

 ## Le saviez-vous...

Une étude réalisée en 2004 par l'Institut de technologie du Massachusetts a établi une liste des inventions technologiques qui, tout en étant considérées comme essentielles, sont les plus détestées des Américains. Le téléphone cellulaire arrive en première position, devançant le réveille-matin, le téléviseur, le rasoir, le four à micro-ondes, la cafetière, l'ordinateur et l'aspirateur. Dans le cas du cellulaire, les chercheurs estiment que la plupart des gens le détestent à cause de la dépendance qu'ils ressentent envers lui ou encore de l'usage inapproprié que d'autres personnes peuvent en faire dans des lieux publics, comme les restaurants ou les salles de cinéma. Ils ajoutent toutefois que cette faiblesse pourrait éventuellement être comblée par le développement d'une «intelligence sociale» pour ce type d'appareils.

Soyez accessible!

Lorsque vous choisissez de répondre à un appel, assurez-vous d'être en position pour bien accueillir la personne qui est au bout du fil et qui n'a aucune idée de votre situation réelle. Si votre voix est sèche et que vous laissez transparaître que l'on vous dérange, vous pourriez offenser votre interlocuteur et lui donner l'idée de joindre un compétiteur. Tout s'entend au téléphone: notre présence, nos soupirs et notre manque de concentration. Si vous n'êtes pas à l'aise ou si vous êtes dans une situation difficile, pourquoi ne pas laisser le répondeur faire le travail? Vous est-il déjà arrivé de joindre quelqu'un sur le portable qui décroche en disant:

- «Je suis en réunion, je ne peux pas prendre ton appel...»?
- «Tu me déranges, je suis en rendez-vous...»?
- «Rappelle plus tard, je suis occupé...»?

Pourquoi répondre alors? La boîte vocale aurait effectué cette tâche plus professionnellement et plus amicalement sans laisser l'interlocuteur sur une note aussi désagréable. Vous avez 24 heures pour le rappeler, selon l'École du protocole de Washington; cependant, pour surpasser la concurrence, faites-le en quatre heures. Si vous ne pouvez respecter ce délai, laissez un message sur votre répondeur disant à quel moment vous serez en mesure de rappeler les gens. Simple et efficace!

Y a-t-il longtemps que vous avez composé votre numéro de cellulaire ou celui de votre entreprise? Vous constaterez que vous n'auriez peut-être pas envie de vous laisser un message! L'accueil téléphonique est primordial; c'est ainsi que bien souvent commence une relation professionnelle. Votre boîte vocale peut parfois être votre premier contact avec un futur client. Un message d'accueil doit être chaleureux, souriant et bref: une durée de moins de 30 secondes est appréciée.

TRUCS ÉCLAIR

- Parlez clairement et adoptez le bon rythme. Ajoutez un sourire à votre voix plutôt qu'un soupir.

- Soyez positif et respectueux: le téléphone est un miroir. Si vous êtes agressif ou impatient, la personne au bout du fil vous renverra votre comportement sur-le-champ. Si vous semez l'impatience, ce sera votre récolte du jour!

- Ne laissez pas à votre interlocuteur l'impression qu'il vous dérange. Faites de l'écoute active, devancez ses demandes ; si vous décrochez, soyez accessible.

- Commencez la conversation avec courtoisie : un sourire, un bonjour, nommez-vous. Terminez la conversation avec gentillesse afin de laisser une bonne impression : merci d'avoir appelé, bonne fin de journée, à bientôt, au revoir, monsieur Deslauriers ou simplement au revoir, Annie.

- Soyez accessible et attentif. Pour éviter de faire répéter votre interlocuteur, prenez des notes et utilisez quelques fois le nom de la personne à qui vous parlez.

- Lorsque vous laissez un message, tentez d'être bref. Donnez votre nom, laissez vos coordonnées deux fois plutôt qu'une afin d'être bien compris. Vous avez plus ou moins 30 secondes pour vous exprimer, ensuite certains chercheront une touche pour accélérer le processus...

- Si vous joignez quelqu'un sur son portable, vérifiez si c'est le bon moment pour lui parler, offrez-lui de vous contacter plus tard s'il préfère.

La nétiquette

Qu'est-ce que la nétiquette ? Ce terme est en fait la contraction des mots « Internet », « éthique » et « étiquette ». C'est aussi une charte qui définit les règles de conduite et de politesse recommandées lors des communications. Sur le site Wikipédia, une mise en garde fort intéressante a retenu mon attention : « Ce que vous ne feriez pas lors d'une conversation réelle face à votre correspondant, ne prenez pas Internet comme bouclier pour le faire. » En ce qui concerne les sites sociaux, tels Facebook et Twitter, soyez sélectif dans les informations que vous divulguez et les photos que vous affichez. Une fois publiées, il est difficile d'arrêter le mouvement ; vos collègues, vos patrons, vos clients sont probablement branchés et peuvent avoir accès à une partie de votre vie privée. Comme le dit le proverbe latin : «Les paroles s'envolent, les écrits restent.»

Voici une liste des principaux irritants suscités par les messages courriels.

- *Recevoir des messages mal adressés et comportant des fautes d'orthographe.* Il est toujours possible de faire vérifier par un collègue avant d'acheminer votre texte. Souvenez-vous aussi que les données transmises par Internet ne sont pas sécurisées.

- *Le manque de courtoisie.* Les gens qui ne donnent pas suite aux messages reçus sont sources de frustration ; un ou deux mots feront l'affaire tels que message reçu, merci, parfait... Voilà une belle occasion de démontrer votre efficacité. Vous avez 24 heures pour répondre à un message, mais si vous voulez surpasser la concurrence, faites-le en dedans de quatre heures. Faites une sélection rapide entre clients et amis.

- *Un message rédigé tout en majuscules.* Cela donne l'impression d'élever la voix. Pour attirer l'attention, plusieurs utiliseront les guillemets ou encore les caractères gras.

- *Les messages acheminés à tous et qui dévoilent l'adresse de messagerie de ceux à qui le message est envoyé.* Truc simple : pour conserver précieusement les coordonnées de vos contacts, utilisez la fonction «CCI» (ou copie conforme invisible) et vous pourrez faire parvenir vos envois à plusieurs destinataires à la fois tout en conservant la confidentialité.

- *Trop d'informations.* Cela finit par irriter vos destinataires qui ne prendront plus la peine de vous lire. Acheminez les messages en copie conforme, fonction «CC» (ou copie conforme), à ceux qui sont concernés seulement. En aucun temps, vous devez acheminer des chaînes de lettres à vos contacts professionnels ; sachez en outre que plusieurs de vos amis les détestent également.

- *Les messages trop longs.* Ceux-ci découragent vos lecteurs. Internet demeure un moyen rapide de communiquer de l'information, donc votre contenu doit être rédigé en peu de mots. Souvent, dès la troisième ligne, les lecteurs abandonnent votre récit !

- *L'envoi de pièces jointes.* Cela est également soumis à certaines règles. Les dossiers trop lourds seront transmis dans un format compressé, et assurez-vous d'obtenir l'accord de votre correspondant avant de faire suivre.

- *Le manque de délicatesse.* Ajoutez un certain protocole à vos messages, commencez par une formule de salutation, un bonjour par exemple. Indiquez également le sujet de votre contenu et soyez concis, car plusieurs personnes trient leurs messages en fonction de cet élément. Terminez par une salutation et vos coordonnées. Voici ici un exemple parfait du manque de reconnaissance et de tact envers un client :

Message envoyé : Madame Caouette, je vous écris afin de confirmer avec vous les heures d'ouverture de votre bureau.
Salutations, Chantal Lacasse

Réponse reçue : Vous ne savez pas lire, il suffit de regarder sous l'onglet « Accueil ».

Avant d'acheminer un message, il est préférable de faire une relecture, vous verrez parfois que le ton est mal choisi...

Quelques chiffres et statistiques

- Quelque 500 millions de téléphones cellulaires sont en circulation sur le marché.

- Quatre millions de personnes ont une conversation téléphonique chaque seconde.

- Le nombre de messages échangés par jour atteint 210 millions ; 80 % de ces messages sont des courriers indésirables.

- Environ 11 milliards de recherches sont effectuées mensuellement sur les moteurs de recherche américains.

- Nous passons en moyenne 66 heures devant nos écrans (sans compter le travail) par mois, dont 7 heures sur Facebook, le réseau social numéro un au monde avec, en 2010, 400 millions d'utilisateurs actifs.

- Aux États-Unis, trois employés sur quatre avouent passer plus de 30 minutes sur Internet pour des raisons personnelles alors qu'ils sont au travail.

- Un Américain sur trois prétend être incapable de vivre sans cellulaire et 15 % d'entre eux avouent mettre fin à leurs câlins amoureux pour répondre à un appel.

(Tiré de : Internet.)

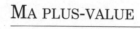MA PLUS-VALUE

L'univers Internet permet d'entrer en contact avec des clients potentiels très rapidement, mais privilégions une communication humaine beaucoup plus chaleureuse et personnelle dans un premier temps. Une conversation de personne à personne demeure l'option de choix pour offrir nos services, négocier un contrat et, bien sûr, établir une base solide à une relation professionnelle. Nous pourrons par la suite procéder aux suivis par voie numérique. Enfin, avant de mettre les gens en attente lorsque nous sommes en conversation, évaluons à juste prix la frustration ressentie par le client déjà en ligne; la personne qui appelle pourra toujours laisser un message sur la boîte vocale. Une réceptionniste qui met un client en attente c'est normal, mais un professionnel qui coupe la communication, ne serait-ce que quelques instants, pour donner son attention à un autre client, pour moi, c'est inacceptable. Et pour vous?

RÉPONSES

À VOS QUESTIONS

La politesse est une monnaie
qui n'enrichit point celui qui la reçoit,
mais celui qui la donne.

Sagesse persane

Chaque session sur le savoir-faire professionnel se termine par un flot de questions sur l'art de recevoir à la maison, les cadeaux d'hôtesse, les pourboires, les *partys* de bureau, les réceptions d'affaires à la maison, etc. Voici donc un résumé de vos principales interrogations.

Lorsqu'on reçoit à la maison, doit-on s'informer des goûts de nos invités afin de trouver un menu qui plaira à tout le monde ?
Je vous suggère fortement de vous assurer que votre menu plaira à vos invités. Je me souviens d'avoir reçu à la maison avec de gros biftecks de viande sauvage des gens qui les avaient en aversion; heureusement, j'avais préparé un énorme plat de salade ! Prenez le temps de vérifier si vos invités ont des intolérances ou des allergies, question d'éviter les surprises de dernière minute.

Quand doit-on commencer à manger ?
Le repas débute lorsque tous les convives ont été servis, si le groupe est de huit personnes et moins. Pour de grandes tablées, vous attendrez que

les quelques personnes qui vous entourent aient reçu leur plat pour commencer le vôtre. À la maison, la moindre des choses est de patienter jusqu'au retour de l'hôte ou de l'hôtesse qui a mis tellement de temps à concocter son repas.

Quel est le meilleur moment pour partir lors d'un repas chez des amis ?
C'est vrai qu'il n'est pas toujours facile de trouver le bon moment. Quelques signes bien évidents vous invitent à prendre congé : lorsqu'on vous offre un dernier café, que vos hôtes bâillent ou encore qu'ils commencent le rangement de fin de soirée, il est temps de partir. Lors de repas d'affaires, vous pourrez partir après le dessert. La règle d'or : « Il faut quitter la fête au moment où elle est la plus belle. » Si vous êtes l'hôte de la réception, à la fin de la soirée, raccompagnez vos invités et profitez-en pour les remercier de leur présence. Il n'y a rien de tel que de repartir sur une note positive !

Est-ce qu'on peut goûter certains aliments qui se trouvent dans l'assiette de notre voisin ?
Une amie me racontait justement qu'un de ses clients avait l'habitude de se servir dans son plat, sans lui demander l'autorisation. D'ailleurs, chaque fois, cela lui coupait carrément l'appétit et lui pouvait se resservir davantage ! Sachez qu'il est vraiment malpoli de prendre de la nourriture dans l'assiette du voisin, avec ou sans autorisation, même si vous connaissez très bien la personne qui vous accompagne. Je me permets parfois une exception à cette règle, mais je me limite à l'assiette de mon conjoint et j'attends sa proposition, enfin presque toujours...

Dois-je offrir de l'alcool à un repas sur les heures de bureau ?
Plusieurs compagnies demandent à leurs employés de s'abstenir de consommer de l'alcool pendant les heures de bureau ; cependant, il revient à vos invités de respecter, ou non, cette règle. Le meilleur moyen pour éviter les faux pas est de leur faire quelques suggestions avant l'arrivée du serveur : offrez un verre de vin, une bière ou une eau minérale, ainsi vos invités comprendront qu'ils ont le choix. Ensuite, si votre client opte pour une bière, vous devrez l'accompagner, car un verre d'eau ne fera pas l'affaire. Vous pourrez alors commander une limonade, un jus de légumes ou un apéro alcoolisé...

Nous recevons des amis à la maison. L'un d'entre eux est un alcoolique abstinent, est-ce que je dépose un verre de vin à sa place ou non?

C'est à votre invité de choisir avec quoi il remplira son verre et de cette façon, il n'attirera pas l'attention avec un verre différent des autres invités. En cas de doute, posez-lui discrètement la question.

Lors d'une réception, qui doit goûter le vin?

C'est la personne qui offre le vin qui doit le goûter. Si vous recevez, vous pouvez même vous servir (en privé, bien sûr) pour vous assurer de la qualité de votre sélection. Il en va de même au restaurant, celui qui commande goûte et paye le vin, que vous soyez un homme ou une femme, un connaisseur ou non, c'est la règle.

Doit-on offrir un cadeau d'hôtesse?

La personne qui reçoit apprécie une petite attention, une gentillesse. Les produits du terroir, les chocolats, les savons, les bonbons, les fleurs (vous pouvez même les envoyer le lendemain d'une invitation avec un mot de remerciement) sont des choix assurés. Vous devriez éviter les objets de décoration, à moins d'être vraiment certain des goûts de ceux qui vous reçoivent. Un présent offert avec un bel emballage et un mot écrit à la main redoublera de valeur. La façon de donner est un art, celle de recevoir également: si le présent que l'on vous offre ne vous plaît pas, vous devez tout de même trouver quelques mots gentils en guise de remerciement. Enfin, après avoir été reçu, c'est à votre tour de témoigner de votre reconnaissance et de faire les prochaines invitations.

Que faire avec la bouteille de vin reçue lors d'une réception?

Cette bouteille est en fait un cadeau au même titre que les chocolats... que vous n'allez pas nécessairement déguster sur-le-champ. Vous pourrez conserver votre présent et l'ouvrir lors d'une prochaine occasion car, en général, le vin accompagnant le repas est sélectionné avant l'arrivée des invités. Voilà pour la règle, mais il existe toujours quelques exceptions: vos invités ont acheté une très bonne bouteille et insistent pour qu'elle soit ouverte en leur compagnie. Allez-y, ouvrez-la, sinon vous risquez de les décevoir. L'important, avec toutes ces règles, est de savoir parfois les mettre de côté pour rendre les invités heureux et à l'aise.

Est-il permis de se moucher à table?

En fait, c'est oui et non. Vous pouvez vous essuyer discrètement le nez si vous êtes à table, mais en évitant de le faire au-dessus de votre assiette. Pour un «travail» plus bruyant, rendez-vous aux cabinets.

Est-il permis de se lever pendant le repas pour aller aux toilettes?

Un truc pour éviter les allers-retours: allez aux cabinets avant de prendre place à table. Néanmoins, s'il vous est impossible d'attendre la fin du repas, il est inutile d'expliquer en détail le pourquoi de votre déplacement. Soyez discret et, à votre retour, laissez tomber les explications.

Où doit-on placer le sachet de thé usagé?

Déposez votre sachet à l'intérieur de la théière et laissez-le à cet endroit. Par contre, si l'on vous sert votre thé avec une tasse d'eau chaude seulement, demandez un contenant pour déposer le sachet mouillé, car si vous le déposez dans la soucoupe vous risquerez de vous salir à chaque gorgée que vous prendrez. Évitez de tourner la corde de votre sachet autour de votre cuillère afin de l'essorer.

Est-ce nécessaire d'assister aux événements «loisirs» au bureau si je déteste l'ambiance de ces soirées?

Même si vous n'avez pas envie de vous y rendre, ce *party* de bureau est un cadeau offert par votre patron. Les réceptions de Noël sont une façon pour l'employeur de remercier les employés et un moment idéal pour faire valoir votre appartenance à l'équipe. Profitez-en pour vous faire connaître sous un autre jour et aborder d'autres sujets de conversation. Pour réussir ces réunions festives, buvez avec modération, vous ne voulez pas être la risée demain au bureau, car il y aura toujours un lendemain. Les employés ne sont pas tenus d'offrir un cadeau à leur employeur. Si tous sont d'accord, il est préférable de faire un cadeau collectif pour éviter les ambiguïtés.

Les pourboires, quel montant et à qui?

Le pourboire a toujours eu pour objectif de remercier un employé pour la qualité du service rendu et le montant offert demeure à votre discrétion. Bien qu'il ne soit pas obligatoire, il est toujours apprécié. Selon le magazine new-yorkais *Harper's Bazaar*, la croyance populaire attribue l'origine du mot anglais *tip* à une pratique qui était en cours au restaurant britannique Samuel Johnson's London au xviiie siècle. Cet établissement mettait à la disposition des clients souhaitant obtenir un service plus rapide une boîte destinée à recueillir des pièces de monnaie. Cette boîte portait l'inscription «*To Insure Promptness*». Ne retenant que les trois premières lettres, les clients pressés la désignèrent bientôt sous le nom de *tip*. Si, à l'origine, cette coutume était réservée aux «salariés à pourboire», la norme s'est étendue à d'autres professions, comme les coiffeurs, les chauffeurs de taxi, les livreurs, etc. Vous trouverez plusieurs références sur le sujet sur Internet; la plupart d'entre elles suggèrent de laisser le même montant pour les services rendus.

- **Au restaurant**

  Barman: 1 $ par consommation, ou 15 % de l'addition; **serveur**: 15 % de l'addition, ou 20 % pour un service exceptionnel; **buffet ou brunch**: 10 % de l'addition (ces pourcentages sont calculés avant les taxes); **maître d'hôtel**: de 5 $ à 25 $ selon service rendu; **livreurs de restaurant**: au moins 2 $, ou 10 % de l'addition avant les taxes; **valet de stationnement**: de 2 $ à 5 $ lorsqu'on vous ramène votre véhicule; **vestiaire**: 1 $ pour votre manteau, ajoutez 1 $ par article laissé au vestiaire.

- **Dans un hôtel**

  Service à la chambre: 15 % du montant de votre addition avant taxes, ou un minimum de 2 $ (si le service est inclus sur la facture, vous pouvez laisser un pourboire additionnel à votre discrétion); **bagagiste**: de 2 $ à 5 $ pour chaque valise; **femme de chambre**: de 2 $ à 5 $ par nuit.

- **Taxi**

  La distance de la course déterminera le montant à laisser: de 15 % à 20 % du tarif; pour de courts déplacements, laissez un minimum de 2 $.

- **Coiffure, esthétique, massage**

Un montant variant entre 10 % et 20 % du montant de la facture est suggéré pour le coiffeur et l'esthéticienne, de 15 % pour la manucure et le service de massage. Certains suggèrent de ne pas laisser de pourboire lorsque ces travailleurs sont les propriétaires du salon. Tentez l'expérience et vous verrez qu'il est toujours utile d'être dans la catégorie des bons clients lorsque, par exemple, vous avez besoin d'un rendez-vous de dernière minute ou d'un service rapide !

Dans tous les cas, faites confiance à votre bon sens.

Récapitulons !

*Le savoir-vivre,
c'est la façon heureuse de faire les choses.*

Ralph Waldo Emerson

Le savoir-vivre, c'est tout simplement la connaissance de ces règles qui sont et seront toujours indispensables au bon fonctionnement de notre société et qui nous assurent de donner le meilleur de nous-mêmes pour que les gens qui nous entourent se sentent à l'aise et appréciés. À vous de choisir ce que vous laisserez lors de vos prochaines rencontres professionnelles et gardez bien en tête que vous avez bien peu de temps pour créer une impression positive. Votre attitude est un complément indissociable de vos compétences et de votre aptitude à réaliser vos projets, quels qu'ils soient.

Nous vivons dans une société où tout va très vite et nous nous plaignons de l'incivilité, du manque de savoir-vivre et de tous ces comportements qui viennent entacher nos relations sociales et professionnelles. C'est donc ensemble que nous pourrons faire la différence, renverser la tendance et ajouter un *plus* à notre qualité de vie et à nos relations humaines. Nous avons bien peu de pouvoir sur les autres, c'est donc à nous d'amorcer le changement. Comme le disait Henry Ford : « Ne cherchez pas la faute, cherchez le remède. »

En ce sens, voici quelques principes de vie rédigés par Ernie J. Zelinski, auteur et consultant canadien.

1. Une mauvaise attitude de votre part peut vous priver de bien des agréments de la vie.

2. Pour faire sa marque en ce bas monde, il faut se distinguer.

3. La meilleure façon d'impressionner les autres, c'est s'abstenir d'essayer.

4. On se rappelle rarement des bonnes actions, mais on oublie rarement les mauvaises.

5. Souriez : la vie se prête à l'humour.

6. Si la patience n'est que l'art de dissimuler l'impatience, alors il vaut mieux devenir expert.

7. Même la plus humble tâche accomplie avec l'attitude appropriée peut devenir importante.

8. Seul le moment actuel compte, il faut donc être présent.

9. Admettez vos erreurs et vous en commettrez moins.

10. La plénitude, le bonheur, la satisfaction d'une vie ne tiennent pas à sa durée mais à sa *qualité* !

Les bonnes manières, la politesse, le savoir-vivre et la courtoisie sont tous des termes pour désigner ce que nos parents ont maintes fois résumé en quelques mots : « Ne faites pas aux autres ce que vous ne voulez pas que l'on vous fasse. »

Tout est bien qui finit bien !

Remerciements

Un merci particulier à mon mari Mario pour son soutien et son encouragement quotidien tout au long de cette longue aventure. Merci à vous tous qui avez, depuis six ans, suivi mes ateliers de formation et qui m'avez fait croire qu'ensemble nous pouvions «agir différemment» et d'une meilleure façon. Merci d'avoir partagé vos expériences et vos anecdotes.

Je tiens à remercier celles qui ont été là pour m'épauler dans la rédaction de cet ouvrage : Marie, qui m'a redonné un second souffle, Béatrice, qui m'a permis d'éclaircir mes idées, et Geneviève, qui m'a fait reprendre le tout ! Alain, tu as su rallumer mes espoirs et permis d'envisager l'aboutissement de ce manuscrit. Armand et France, vous êtes des modèles de savoir-être en amitié, merci de votre inspiration et de votre confiance. Je tiens à redire ma reconnaissance envers Michel, celui qui m'a permis de publier ce livre. Enfin, un merci tout spécial à tous ceux qui n'ont pas cru en mon projet, vous m'avez donné l'envie de me surpasser !

Ressources professionnelles

- *Luc Breton*, analyste en comportements vestimentaires, formateur et conférencier.

  Apprenez à mieux comprendre comment le vêtement doit être à votre service comme outil de communication et de connaissance de vous-même.

  www.lucbreton.com

- *Luc Dupont*, auteur et conférencier.

  Rendez-vous indispensable pour tous ceux qui ont besoin de la publicité ou du marketing pour vendre leur produit ou leur service.

  www.lucdupont.com

  418 580-9019

- *Christian Martel*, animateur, chroniqueur et conseiller en vin.

  Plusieurs ateliers sont présentés aux particuliers, aux associations et aux entreprises, afin de démystifier le monde du vin.

  www.degustationchristianmartel.wordpress.com

  418 871-2954

- *Philippe Turchet*, formateur et auteur.

  Découvrez le fonctionnement de l'esprit humain à partir de la structure de son langage corporel, la synergologie.

  philippe.turchet@synergologie.org

- *René Vézina*, chroniqueur radio et télé, coauteur du guide *Comment parler aux médias*, observateur et commentateur privilégié de l'économie québécoise depuis plus de 30 ans.

  rene.vezina@transcontinental.ca

- Ernie J. Zelinski, auteur et consultant canadien expert en loisirs.

  www.erniezelinski.com

  www.retirement-cafe.com

Bibliographie

André, Christophe. *Imparfaits, libres et heureux, pratiques de l'estime de soi*, Éditions Odile Jacob, 2006.

Balrige, Letitia. *New Complete Guide to Executive Manners*, Rawson Associates Scribner, 1993.

Barthes, Roland. «Histoire et sociologie du vêtement», *Annales*, 12e année, juillet-septembre 1957, n° 3.

Brown, Robert E. et Johnson, Dorothea. *The Power of Handshaking*, The Protocol School of Washington, Capital Books, 2004.

Cardinal, Lise et Duhamel, Roxanne. *Réseautage d'affaires : mode de vie*, Éditions Transcontinental, 2004.

Cialdini, Robert B. *Influence the Psychology of Persuasion*, Collins Business, 1984.

Desmarais, Ann et White, Valérie. *C'est la première impression qui compte, Qu'est-ce que les gens pensent de vous ?*, Éditions Transcontinental, 2006.

Dusseault, Louis. *Le protocole, instrument de communication*, Éditions Protos, 2003.

Gounelle, Laurent. *L'homme qui voulait être heureux*, Éditions Anne Carrière, 2008.

Kohn, Alfie. *You Know What They Say*, Harper Collins, 1990.

Langford, Beverly. *The Etiquette Edge*, Amacom, 2005.

Le livre d'or du savoir-vivre, dictionnaire illustré de la politesse, Éditions Stauffacher S.A., 1967.

Marion, Bruno. *Réussir avec les Asiatiques*, Éditions d'Organisation, 2006.

Mercier, Noémie. «Égalité économique : entrevue avec Richard Wilkinson», *L'actualité*, mars 2010.

Molloy, John T. *New Women's Dress for Success*, Grand Central, 1996.

Motulsky, Bernard et Vézina, René. *Comment parler aux médias*, Éditions Transcontinental, 2008.

Nazare-Aga, Isabelle. *Approcher les autres, est-ce si difficile ?*, Éditions de l'Homme, 2004.

Obama, Barack. *L'audace d'espérer, un nouveau rêve américain*, Presses de la Cité, 2007.

Pease, Allan et Barbara. *The Definitive Book of Body Language*, Bantam Books, 2004.

Picard, Dominique. *Pourquoi la politesse ?*, Éditions du Seuil, 2007.

Pierson, Marie-Louise. *Valorisez votre image*, Éditions Eyrolles, 2004.

Richard-Postal, Patricia. *Le guide du savoir-faire au téléphone*, Éditions Demos, 2001.

Rouvillois, Frédéric. *Histoire de la politesse, de 1789 à nos jours*, Éditions Flammarion, 2006.

Turchet, Philippe. *La synergologie*, Éditions de l'Homme, 2000.

Withmore, Jacqueline. *Business Class : Etiquette Essential for Success at Work*, St. Martin's Press, 2005.

Zunin, Léonard et Nathalie. *Contact*, Éditions de l'Homme, 1972.

À propos de l'auteure

Depuis 2004, Chantal Lacasse est diplômée de l'École du protocole de Washington, institut reconnu mondialement et spécialisé sur l'attitude professionnelle et le savoir-faire à table. Auparavant, elle a œuvré pendant plus de seize ans dans le domaine des communications, tant à la télévision qu'à la radio, à titre de journaliste et d'animatrice.

Elle participe régulièrement à des émissions de télévision et de radio et elle collabore à la rédaction d'articles qui portent sur l'attitude professionnelle, l'étiquette en affaires, l'importance de la tenue vestimentaire et les comportements à adopter à la table dans un contexte professionnel.

Chantal Lacasse offre des ateliers de formation et des conférences sur mesure en entreprise aux professionnels de tous les domaines qui désirent acquérir la confiance et l'assurance du savoir-être professionnel en tout temps. Elle partage avec vous ses années d'expérience derrière le micro avec la session «Parler en public et habiletés de présentation».

Pour des renseignements supplémentaires :

Téléphone : 418 588-6712
Cellulaire : 819 345-4985
Site Internet : www.chantallacasse.com
Courriel : chantal@chantallacasse.com

RECYCLÉ
Papier fait à partir
de matériaux recyclés
FSC® C021757

Marquis imprimeur inc.

Québec, Canada
2011

Imprimé sur du papier Silva Enviro 100% postconsommation
traité sans chlore, accrédité Éco-Logo et fait à partir de biogaz.